westermann

Gerold Kober, Paul Schug

Farbtechnik und Raumgestaltung

für Berufsfachschulen und Berufsgrundbildungsjahr

Arbeitsheft

2. Auflage

Bestellnummer 50805

Materialien für Lehrerinnen und Lehrer

Lösungen: 978-3-427-50807-6
Lösungen Download: 978-3-427-50809-0

BiBox für Lehrerinnen und Lehrer (Einzellizenz) 978-3-427-87227-6
BiBox für Lehrerinnen und Lehrer (Kollegiumslizenz) 978-3-427-87225-2

BiBox westermann
inkl. E-Book

Materialien für Schülerinnen und Schüler

Schülerbuch: 978-3-427-50803-8

BiBox (Laufzeit 1 Jahr) 978-3-427-87228-3
BiBox (Laufzeit 4 Jahre) 978-3-427-87229-0
BiBox PrintPlus (Laufzeit 1 Jahr) 978-3-427-87226-9

BiBox westermann
inkl. E-Book

westermann GRUPPE

Die Seiten dieses Arbeitshefts bestehen zu 100 % aus Altpapier.

Damit tragen wir dazu bei, dass Wald geschützt wird, Ressourcen geschont werden und der Einsatz von Chemikalien reduziert wird. Die Produktion eines Klassensatzes unserer Arbeitshefte aus reinem Altpapier spart durchschnittlich 12 Kilogramm Holz und 178 Liter Wasser, sie vermeidet 7 Kilogramm Abfall und reduziert den Ausstoß von Kohlendioxid im Vergleich zu einem Klassensatz aus Frischfaserpapier. Unser Recyclingpapier ist nach den Richtlinien des Blauen Engels zertifiziert.

Druck und Bindung: Westermann Druck GmbH, Braunschweig

ISBN 978-3-427-50805-2

Inhaltsverzeichnis

Name	Datum	Klasse

Berufsfeld: Farbtechnik und Raumgestaltung

zu S. 13

1. Schreiben Sie die **Berufe des Berufsfeldes** in die blauen Felder neben „verwandte Berufe“.

	Berufe:	**Arbeitsgebiete:**
verwandte Berufe		

2. Ordnen Sie den Berufen des Berufsfeldes die zutreffenden Arbeitsgebiete zu, indem Sie die Ziffern in die Kästchen neben die Berufsbezeichnung schreiben.

Arbeitsgebiete:

1 Farbe	2 Lack	3 Beläge	4 Kunststoff	5 Werbung	6 Form

3. Nennen Sie ein weiteres **Berufsfeld** und zwei zugehörige „verwandte Berufe“.

Berufsfeld: ______________________

Beruf 1: ______________________

Beruf 2: ______________________

Name	Datum	Klasse

Berufsfeld: Farbtechnik und Raumgestaltung II

zu S. 14 und 15

1. Sie erlernen den Maler- und Lackierer- bzw. Bauten- und Objektbeschichter-Beruf. Ergänzen Sie in diesem Zusammenhang die folgenden Aussagen.

   Der Maler und Lackierer gehört zum **Berufsfeld** ____________________

   ____

   Nach zweijähriger Ausbildung wird die ____________________

   oder nach dreijähriger Ausbildung die ____________________

   von der ____________________ abgenommen.

2. Beschreiben Sie die vier wichtigsten **Berufsaufgaben** des Malers und Lackierers.

   Sachwertschutz:

   ____

   ____

   ____

   ____

   ____

   Verschönerung:

   ____

   ____

   ____

   ____

   ____

   Hygiene:

   ____

   ____

   ____

   ____

   ____

   Kennzeichnung/Werbung:

   ____

   ____

   ____

   ____

   ____

Name	Datum	Klasse

Gesundheitsgefährdung durch Arbeitsstoffe

zu S. 17–19

Nennen Sie Beispiele für Gefahrstoffe und beschreiben Sie die Schutzmaßnahmen (siehe Merkpunkte ● im Buch „Farbtechnik und Raumgestaltung“).

Gefahren-symbol	Beispiele für Gefahrstoffe	Schutzmaßnahmen
	Farbmittel Zusatzstoffe Lösemittel	
	Bindemittel Lösemittel andere Gefahrstoffe	 
	Laugen Säuren	 
	Lösemittel	 
	Lösemittel	

Arbeitsblatt 4

Name	Datum	Klasse

Sicherheits- und Kennzeichnungsfarben zu S. 22 und 23

Sicherheitsfarben

1. Beschreiben Sie die **Bedeutung** der Sicherheitsfarben mit je zwei Schlagworten.

Sicherheitsfarbe		Bedeutung
Rot	RAL 3001	____________ Warnung vor unmittelbarer Gefahr
Gelb	RAL 1003	____________ Hinweis auf mögliche Gefahr, gefährliche Stoffe
Blau	RAL 5005	____________ Hinweise zum Tragen persönlicher Schutzausrüstung
Grün	RAL 6032	____________ Kennzeichnung von Rettungsstellen

2. Wie heißen die fünf Gruppen der **Sicherheitskennzeichen**?

____

____

____

____

____

Kennzeichnungsfarben

3. Kennzeichnen Sie die **Rohrleitungen** oder Schildchen mit Farbstiften auf den Rohrleitungen nach ihrem **Durchflussstoff** im entsprechenden Farbton.

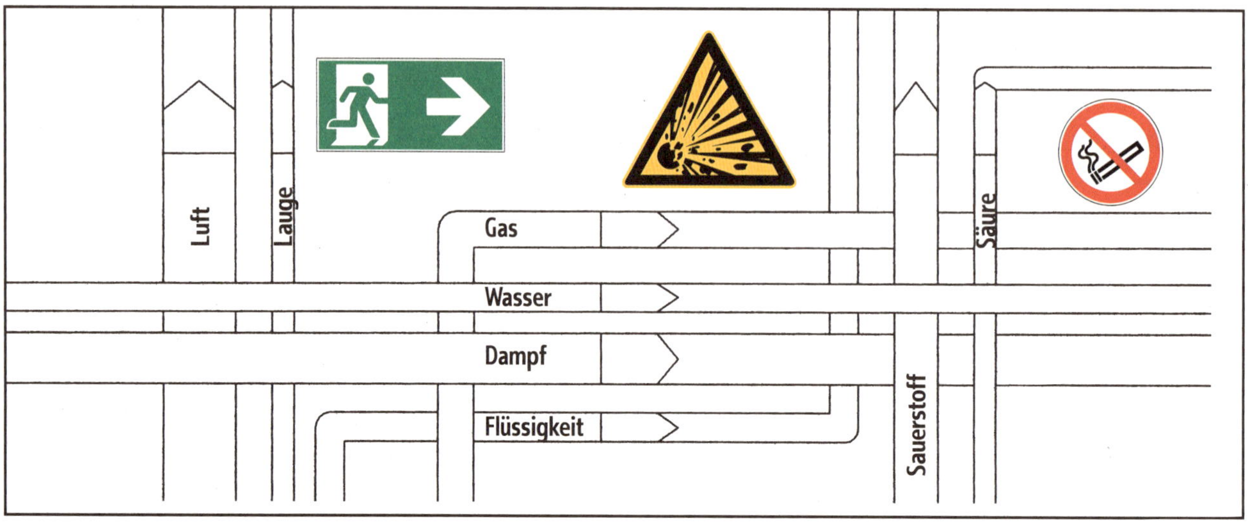

Name	Datum	Klasse

Umgang mit Leitern

zu S. 24–26

1. Beschreiben Sie drei wichtige **allgemeine Benutzungsregeln** beim Umgang mit Leitern.
   - ______________________________
   - ______________________________
   - ______________________________

2. Beschreiben Sie vier **Sicherheitsregeln für den Umgang mit Anlegeleitern.**

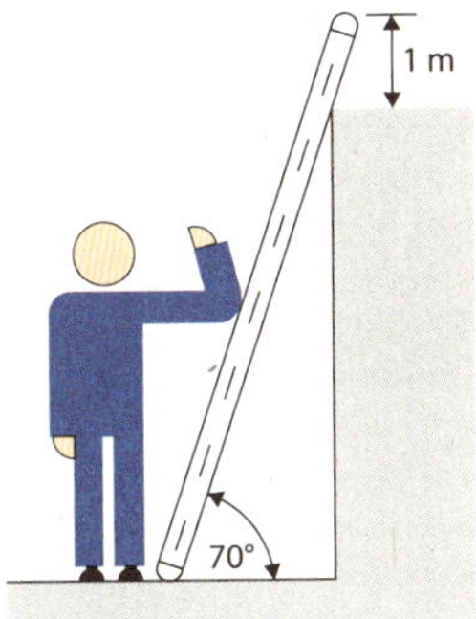

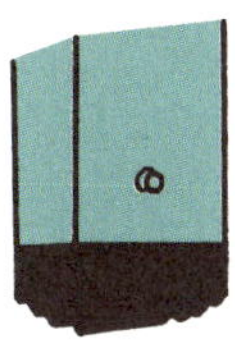
Gummigleitschuh

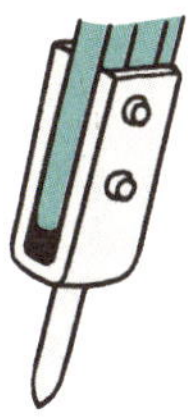
Metallspitze

Mehrzweckfüße

3. Nennen Sie drei **Sicherheitsregeln für den Umgang mit Stehleitern.**

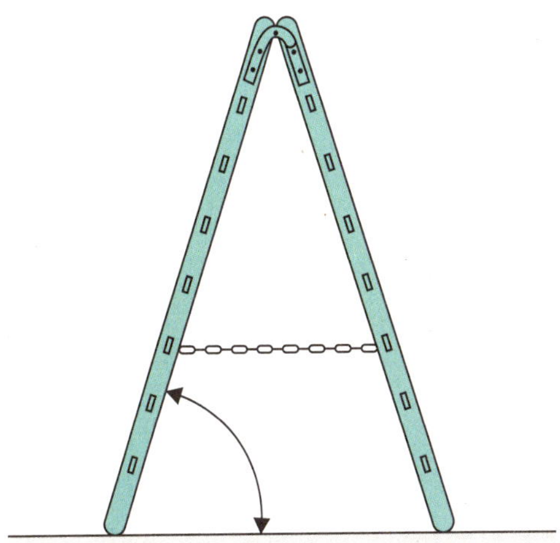

Arbeitsblatt 6

Name	Datum	Klasse

Ein sicheres Gerüst

zu S. 27–29

1. Benennen Sie die einzelnen **Teile des Rahmengerüsts**.

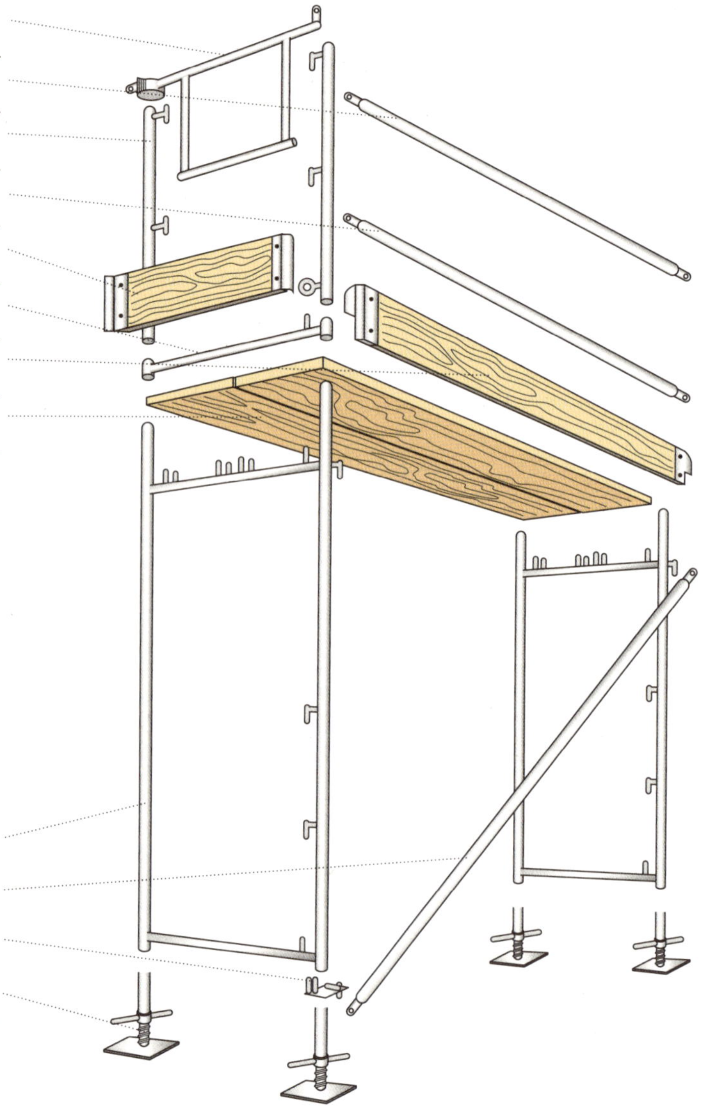

2. Was müssen Sie beim **Aufbau** und bei der **Benutzung** von Gerüsten beachten?

Name	Datum	Klasse

Gerüstbau nach Vorschrift zu S. 30–31

1. Beschreiben Sie die **Aufgaben** der Verankerung und der Fußpunkte.

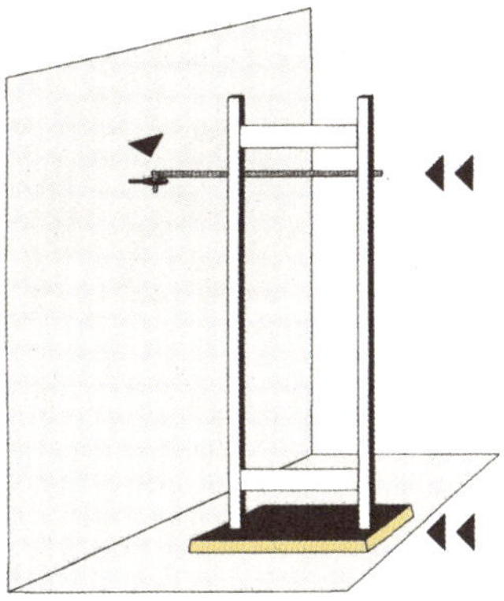

Verankerung:

Fußpunkte:

2. Benennen Sie die **Teile des Standgerüsts**, ordnen Sie die fehlenden Ziffern zu und beschreiben Sie die **Aufgaben der Verstrebung**.

①
②
③ Quer- und Längsriegel
④ Geländer- und Zwischenholm
⑤
⑥
⑦ Verstrebung:

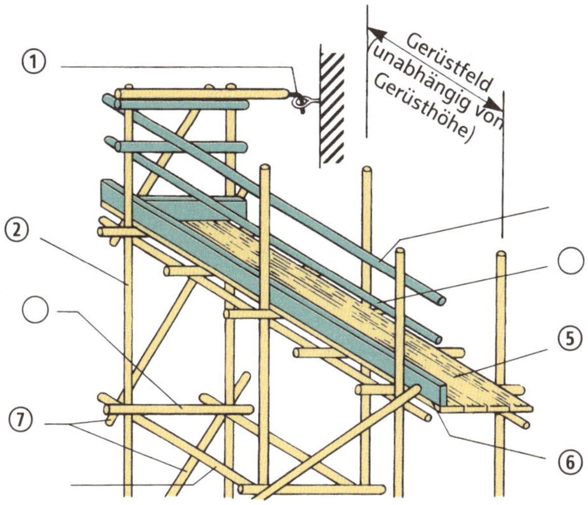

3. Benennen Sie die **Teile des dreifachen Seitenschutzes** und beschreiben Sie seine **Aufgaben**.

Name	Datum	Klasse

Umgang mit Kunden

zu S. 33

Der richtige Umgang mit Kunden will gelernt sein.

1. Nennen Sie wichtige **Umgangsformen**, die der Kunde vom Maler erwartet.

____

____

2. Nennen Sie weitere förderliche Eigenschaften im Umgang mit Kunden.

____

3. Ergänzen Sie die folgenden Regeln für Meister, Gesellen und Auszubildende für den Umgang mit Kunden.

- Der Kunde muss ____________________ beraten werden.
- Der ______ für Arbeit und Material muss ____________ sein.
- Der Auftrag muss ________________ ausgeführt werden.
- Die Beratung und geplante Ausführung kann durch __________________ verdeutlicht werden.
- Das Angebot soll für den Kunden ___________________ sein.
- Die Arbeiten sollen ___________________ ausgeführt werden.
- Alle Arbeiten sind mit dem Kunden _________________.
- Die Arbeiten müssen ___________________ ausgeführt werden.

Auf Kundenreklamationen richtig reagieren ist sehr wichtig.

4. Welche Regeln sind bei **Reklamationen** des Kunden zu beachten?

- dem Kunden _______________________
- im Zweifelsfall ______________________________
- die Reklamation mit den ____________________________ und der ____________________________ abgleichen
- bei berechtigter Reklamation ________________________
- die ________________________ über die Reklamation ________________________

5. Ergänzen Sie den folgenden Merksatz:

Je besser ____________________________ und ____________________________ mit den Kunden sind, ____________________________ lassen sich die ____________________________ ausführen.

Name	Datum	Klasse

Umweltschutz am Arbeitsplatz

zu S. 34–36

1. Benennen Sie die **Umweltbelastungen**, die Maler und Lackierer bei ihrer Arbeit verursachen.

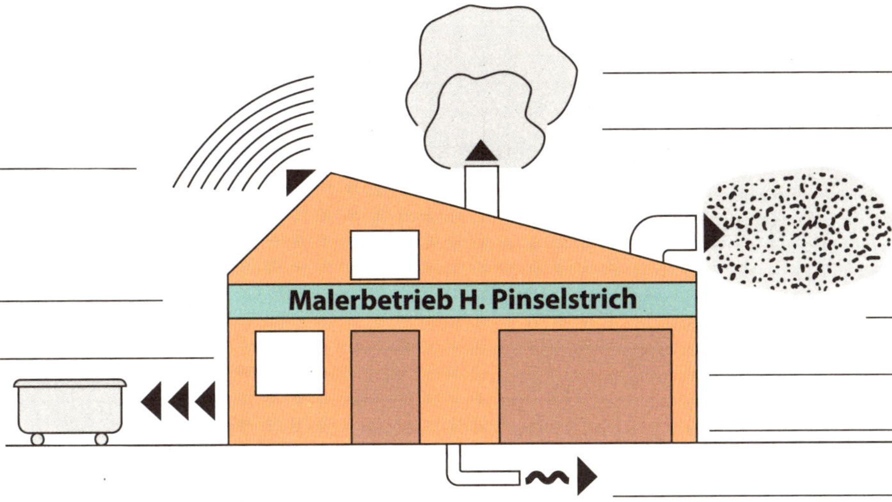

2. Beantworten Sie die Fragen und beschreiben Sie **Maßnahmen**, wie Maler und Lackierer zum Umweltschutz beitragen können.

Abfälle	Was kann in den Hausmüll? Was ist Sondermüll?
Luftverunreinigung	Lösemittelverbrauch einschränken durch: Weitere Maßnahmen zur Luftreinhaltung:
Abwasser	Maßnahmen zur Wasserreinhaltung:

Jeder Maler und Lackierer muss am Arbeitsplatz umweltbewusst handeln und so zum Umweltschutz beitragen.

Arbeitsblatt 10

Name	Datum	Klasse

Aufbau und Aufgaben von Schleifmitteln zu S. 39–41

1. Erklären Sie den Begriff **„Schleifmittel“**.

2. Beschreiben Sie die aufgeführten Schleifmittel oder benennen Sie diese nach der Beschreibung.

Schleifmittel	Beschreibung
Schleifpapiere	
	als Fiber-Discs für Winkel- und Exzenterschleifer
Schleifgitter	
	als Bogen und Scheibenmaterial, beidseitig verwendbar
Schleifpads	
	feine Schleifkörner in zähen Flüssigkeiten, z. B. Paraffin
Schleifpulver	
	z. B. ein Stück Bimsstein zum direkten Schleifen
Poliermittel	
	Knäuel von Stahldrähten für groben Handschliff

3. Beschreiben Sie den **Aufbau von Schleifpapieren**.

4. Benennen Sie die vier **Bestandteile von Schleifpapier**.

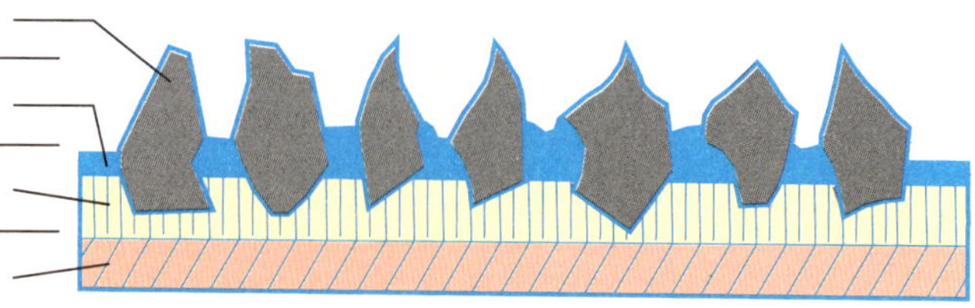

5. Aus welchen Materialien werden die **Unterlagen der Schleifmittel** (Schleifkornträger) angefertigt?

6. Beschreiben Sie die **Aufgaben der beiden Schleifkornbindemittel**.

Grundbinder		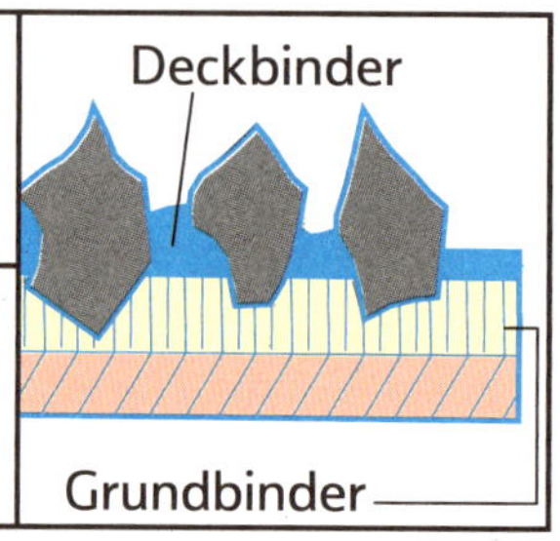
Deckbinder		

Name	Datum	Klasse

Eigenschaften von Schleifmitteln zu S. 41–44

1. Welchen Qualitätsunterschied gibt es zwischen **Nass- und Trockenschleifpapieren**?

____

____

2. Beschreiben Sie den Einsatz der wichtigsten **Schleifkornarten**.

Korund Aluminiumoxid (Al_2O_3)	______________________ ______________________ ______________________
Siliziumcarbid (SiC)	______________________ ______________________ ______________________

3. In welchem Bereich liegt die **Korngröße** der Schleifpapiere, -gewebe und -fiber?

____

4. Ergänzen Sie folgenden **Merksatz**:

Je größer die Zahl auf dem ______________________, Schleifgewebe oder Schleiffiber ist, desto ______________ ist die ______________ und damit der Schliff.

5. Beschreiben Sie die **Vorteile von Schleifmitteln** mit offener bzw. dichter Streuung.

offene Streuung 	______________________ ______________________
dichte Streuung 	______________________ ______________________

6. Beschreiben Sie **Schleifvliese** und benennen Sie die **Bestandteile** auf der Zeichnung.

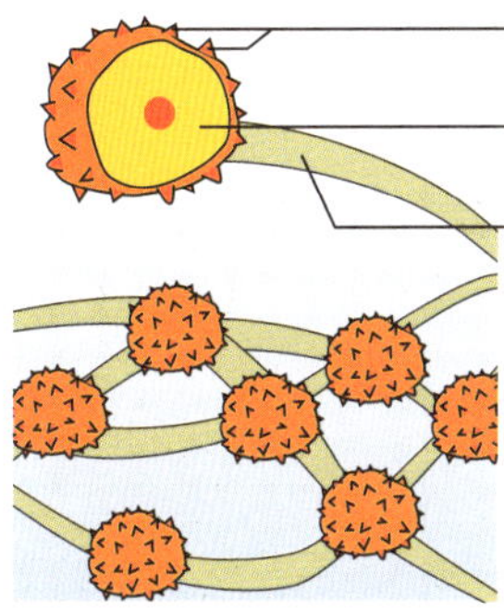

____

____

____

____

7. Welche zwei **Schleifvliessorten** werden nach der Kornart unterschieden?

____

____

Arbeitsblatt 12

Name	Datum	Klasse

Werkzeuge und Geräte für Vorarbeiten zu S. 45–48

Schreiben Sie jeweils die **Namen der Werkzeuge** und **Geräte** unter die Abbildungen und erklären Sie ihre **Verwendungsmöglichkeiten**.

Werkzeug	Verwendung	Gerät	Verwendung
		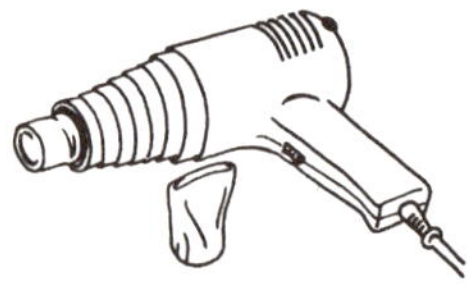	
		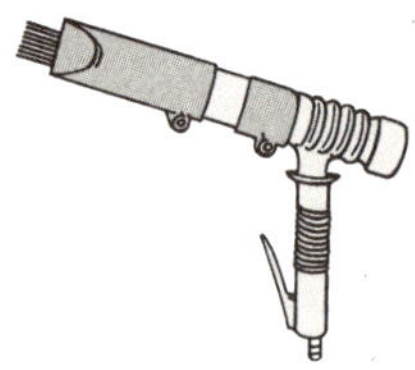	
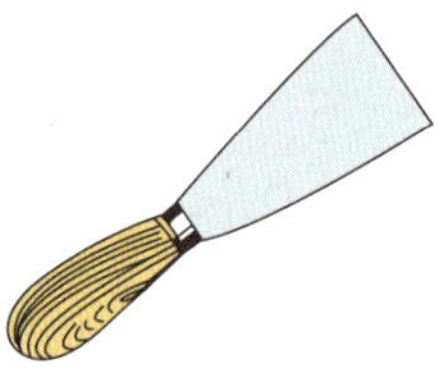		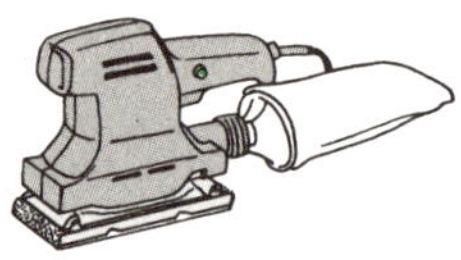	
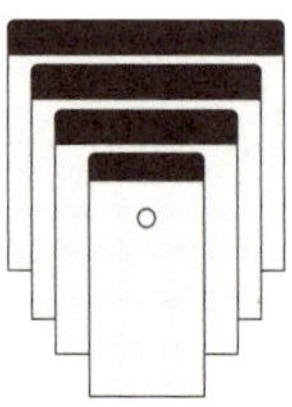		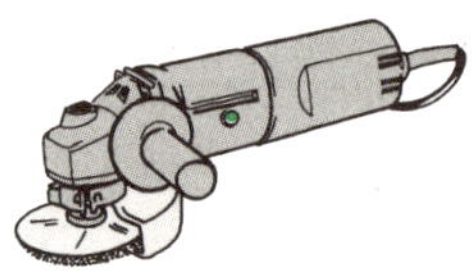	
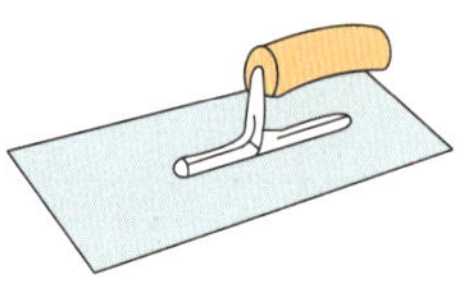		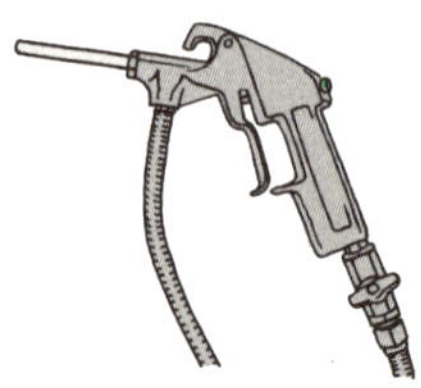	
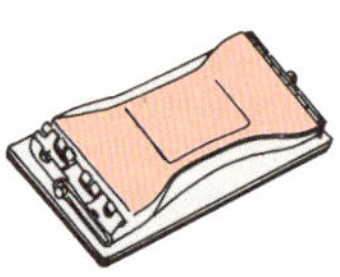		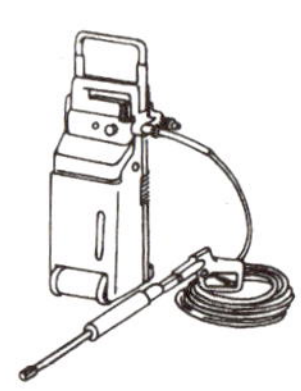	

Name	Datum	Klasse

Werkzeuge und Geräte für Vorarbeiten II

zu S. 45–48

Ordnen Sie den **Vorarbeiten** die entsprechenden **Werkzeuge** und **Geräte** zu. Schreiben Sie dazu die Nummern der Verwendungszwecke unter die jeweiligen Werkzeuge bzw. Geräte.

Werkzeug

______

______

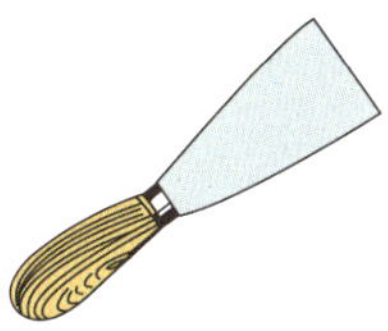

______

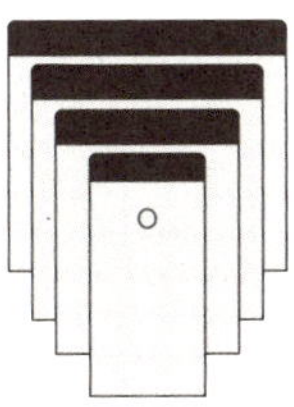

______

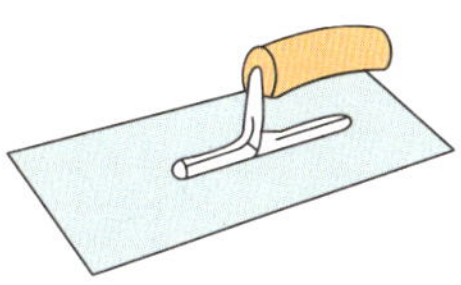

______

______

Vorarbeiten:

Reinigen (1)

Schleifen (2)

Entrosten (3)

Entschichten (4)

Ablösen (5)

Abstrahlen (6)

Spachteln (7)

Gerät

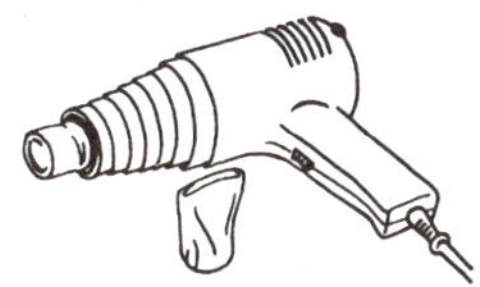

______

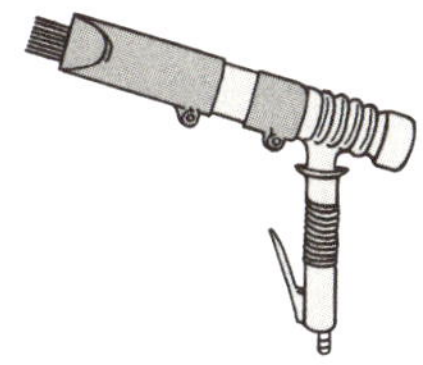

______

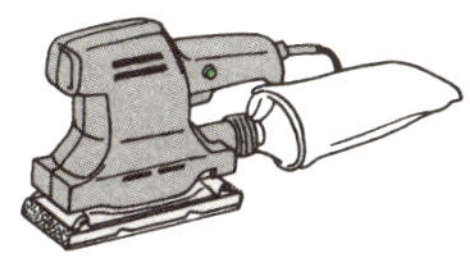

______

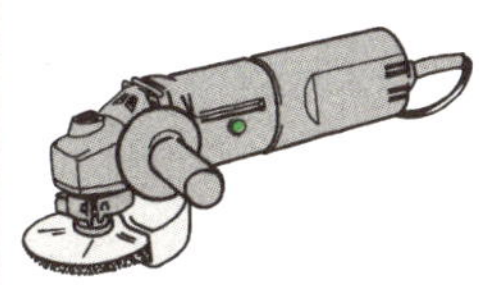

______

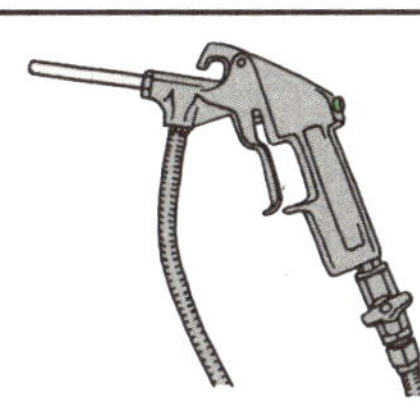

______

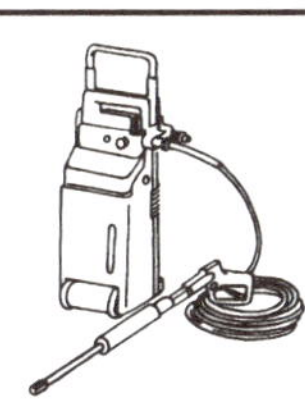

______

Arbeitsblatt 14

Name	Datum	Klasse

Aufbau der Stoffe

zu S. 51 und 52

Atome und Moleküle

In der Umwelt gibt es **118 verschiedene Grundstoffe** (Elemente). Aus diesen Grundstoffen sind alle anderen Stoffe (Verbindungen) zusammengesetzt.

1. Schreiben Sie je vier Beispiele für **Grundstoffe** und **Verbindungen** auf.

   Grundstoffe: ______________________________

   Verbindungen: ______________________________

2. Ergänzen Sie folgende Merksätze:

Die kleinsten Teilchen der Elemente sind die ____________________.

Die kleinsten Teilchen einer Verbindung heißen ____________________.

Der Atombau

3. Tragen Sie die fehlenden Begriffe in das **Atommodell** ein.

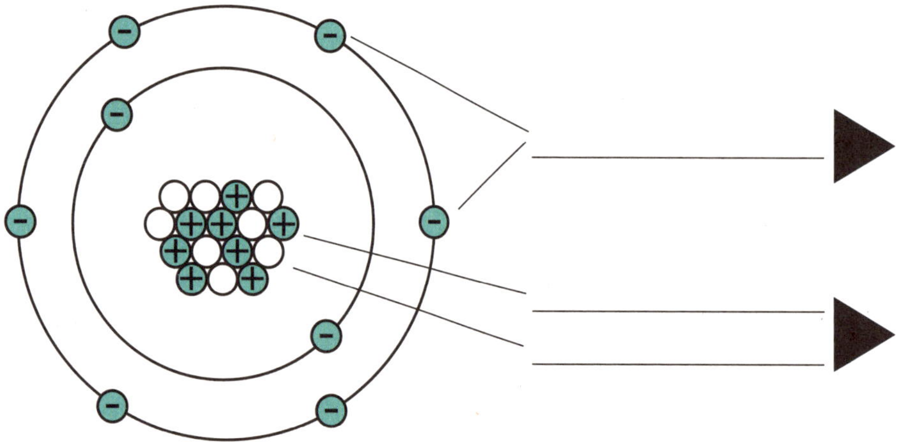

4. Kennzeichnen Sie die **elektrische Ladung der Elementarteilchen**.

Elektronen ◯ Protonen ◯ Neutronen ◯

5. Warum ist ein **Atom** nach außen elektrisch neutral?

____

____

____

____

Name	Datum	Klasse

Einteilung der Stoffe zu S. 52–54

Stoffgemenge und Reinstoffe

Stoffe gibt es als **Gemenge** (Gemische) und als **Reinstoffe**. Die Reinstoffe lassen sich weiter in **Verbindungen** und **Elemente** unterteilen.

1. Ergänzen Sie das Schema über die Einteilung der Stoffe.

Stoffe

2. Vergleichen Sie die **Zusammensetzung eines Anstrichstoffs** mit Wasser.

Stoff	 Anstrichstoff	 Wasser
Merkmale	______	______
Bezeichnung	______	______
Beispiele	Anstrichstoffe, ______	Wasser, ______
Zerlegung	physikalisch, z. B. ______	nicht physikalisch, nur ______

3. Wodurch unterscheidet sich ein **Gemenge** von einem **Reinstoff**?

Gemenge: ______

Reinstoff: ______

Name	Datum	Klasse

Einteilung der Stoffe II

zu S. 53 und 54

Dispersionen

Dispersionen sind Gemenge aus zwei oder mehreren unterschiedlichen Stoffen.

1. Erklären Sie den Begriff „**Dispersion**“.

____

____

2. Beschreiben Sie die **Dispersionsarten** und nennen Sie dazugehörige Beispiele.

Art	Beschreibung	Beispiele
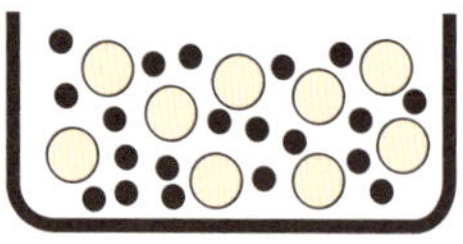 grobe Menge		
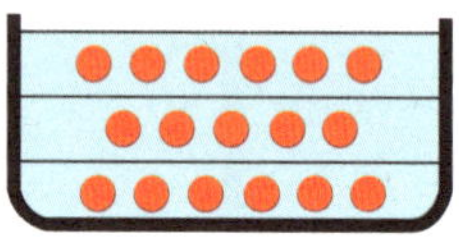 Suspension		
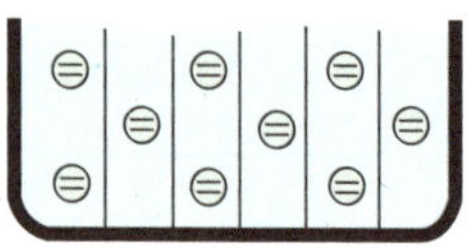 Emulsion		
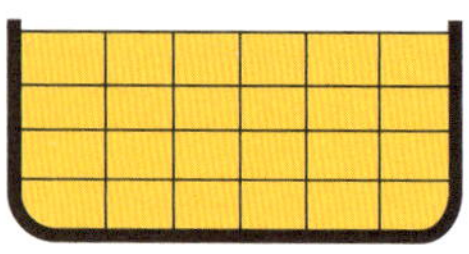 Lösung		

3. Ergänzen Sie den **Merksatz**:

Je nach der Größe der Stoffteilchen unterscheidet man grobdisperse, ______________ und ______________ Gemische.

4. Erklären Sie den Begriff „**Sedimentation**“.

____

____

____

____

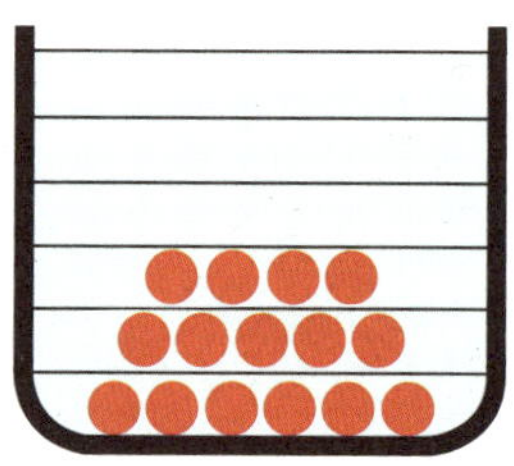

Name	Datum	Klasse

Aggregatzustände

Stoffe können im **festen**, **flüssigen** oder **gasförmigen** Zustand vorkommen.

1. Benennen Sie die drei **Zustandsformen** anhand des Teilchenmodells und geben Sie **Beispiele** dazu an.

Aggregatzustand	Teilchenmodell	Beispiele
______________	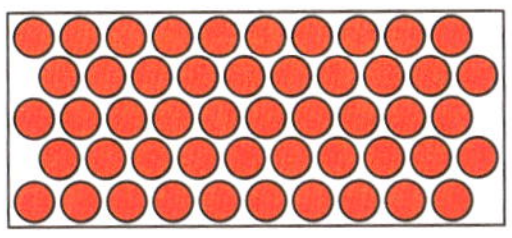	______________ ______________
______________	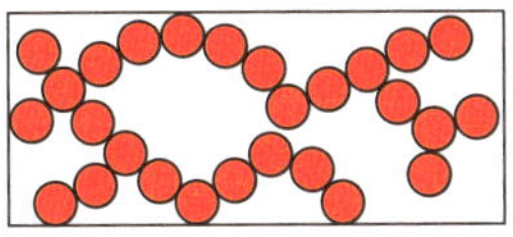	______________ ______________
______________	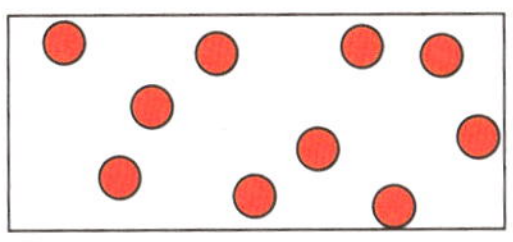	______________ ______________

Änderung der Zustandsformen

2. Benennen Sie die **Übergänge** von einem **Aggregatzustand** in einen anderen bei Wärmezufuhr bzw. Wärmeentzug.

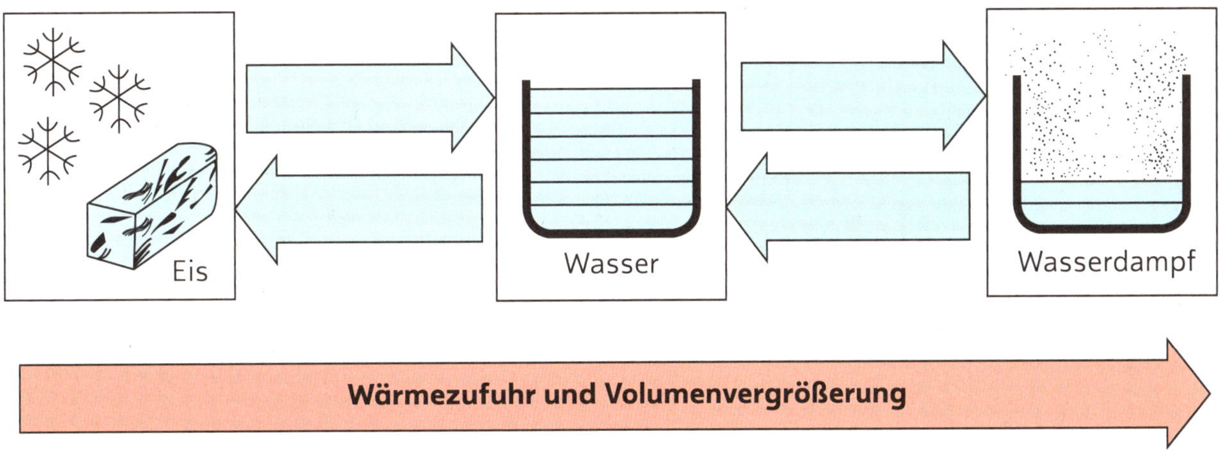

3. Ergänzen Sie den folgenden **Merksatz**:

Je mehr Energie (Wärme) zugegeben wird, desto ______________ wird das Volumen der Stoffe.

Name	Datum	Klasse

Zusammenhangskraft der Stoffe

zu S. 55 und 56

Kohäsion

Alle Stoffe bestehen aus kleinen Teilchen, den Atomen oder Molekülen, die durch eine Kraft zusammengehalten werden. Diese Kraft heißt **Zusammenhangskraft** (Kohäsionskraft).

1. Erklären Sie den Begriff „**Kohäsion**".

____

____

2. Zeichnen Sie die **Kohäsionskraft** in Form von Verbindungslinien farbig zwischen die Stoffteilchen.

Die Teilchen eines Stoffs können sowohl Atome als auch Moleküle sein.

3. Beschreiben Sie die **Kohäsion** und die **Teilchenbindung** bei den drei Zustandsformen.

Zustandsform	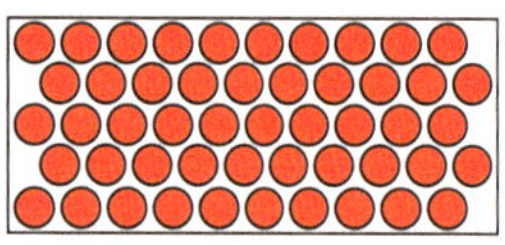 fest	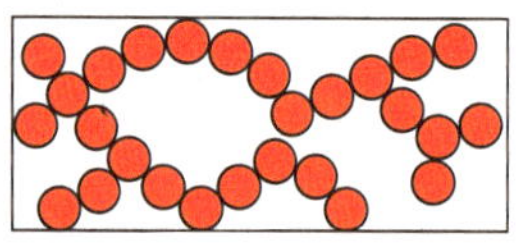 flüssig	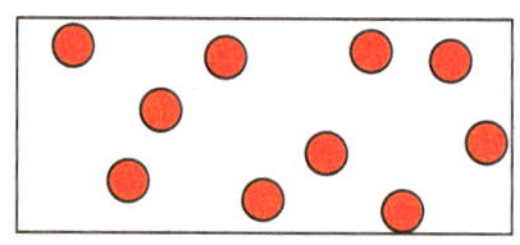 gasförmig
Kohäsion			
Teilchenbindung			

4. Ergänzen Sie folgende Merksätze:

Je ______________________ die Atombindung, desto größer die ______________________.

Je kleiner der Teilchenabstand, desto ______________________ die Kohäsion.

5. Nennen Sie drei **Beispiele für Kohäsion** in der **Malerpraxis**.

- ____
- ____
- ____

Name	Datum	Klasse

Anhangskraft der Stoffe

zu S. 58 und 59

Adhäsion

Unter Adhäsion (**Haftkraft**) versteht man das **Haftvermögen** zwischen verschiedenen Stoffen.

1. Erklären Sie den Begriff „**Adhäsion**" mit eigenen Worten.

___

___

2. Zeichnen Sie die **Adhäsionskraft** in Form von doppelten Verbindungslinien farbig in die Skizze ein.

Teilchen von Stoff 1

z. B. Anstrichstoff

Teilchen von Stoff 2

z. B. Untergrund

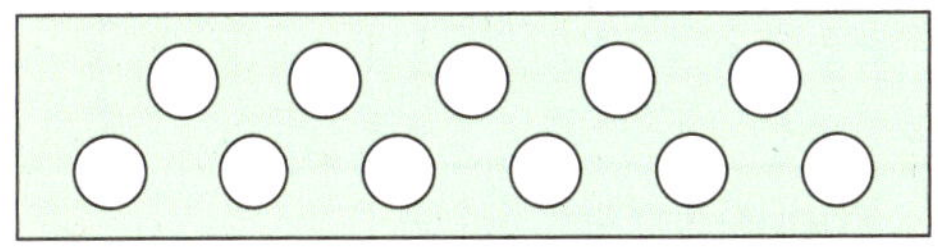

3. Zeichnen Sie mit einem Farbstift eine **Anstrichschicht** auf die beiden Untergründe und ergänzen Sie die Tabelle in Stichpunkten.

Untergrund	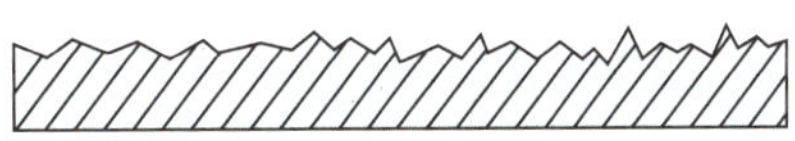 raue Oberfläche	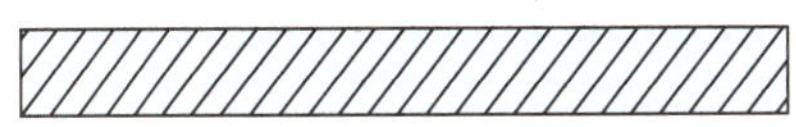 glatte Oberfläche
Adhäsion		
Haftung		
Begründung		

4. Nennen Sie drei weitere **Beispiele für Adhäsion** in der **Malerpraxis**.
- ___
- ___
- ___

Arbeitsblatt 20

Name	Datum	Klasse

Benetzbarkeit der Stoffe

zu S. 58 und 59

1. Zeichnen Sie das **Verhalten eines Anstrichstoffs** bei folgendem Versuch und beschreiben Sie die **Zusammenhänge**.

Anstrichstoff auf ...	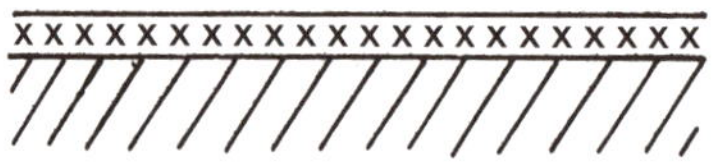 ... fettigem Untergrund	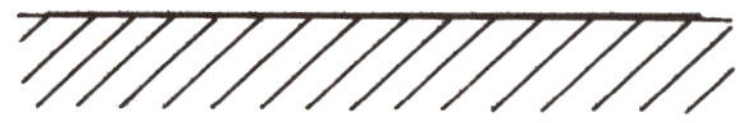 ... sauberem Untergrund
Beobachtung		
Benetzbarkeit		
Kohäsion/Adhäsion		

2. Ergänzen Sie folgenden **Merksatz**:

Benetzbarkeit ist die Fähigkeit eines Stoffs, ______________________________

______________________________.

3. Warum werden bei der Herstellung der Anstrichstoffe **Netzmittel** zugegeben?

____

____

4. Nennen Sie drei Beispiele aus der Malerpraxis, bei denen **Benetzbarkeit erwünscht** ist.

- ______________________________
- ______________________________
- ______________________________

5. Nennen Sie zwei Beispiele aus der Malerpraxis, bei denen **Benetzbarkeit nicht erwünscht** ist.

- ______________________________
- ______________________________

Name	Datum	Klasse

Porosität und Kapillarität

zu S. 59 und 60

Porosität

1. Schreiben Sie je fünf **Beispiele** für poröse und für dichte Stoffe auf.

poröse Stoffe	**dichte** Stoffe

2. Warum haften Beschichtungsstoffe auf porösen Untergründen besser als auf dichten?

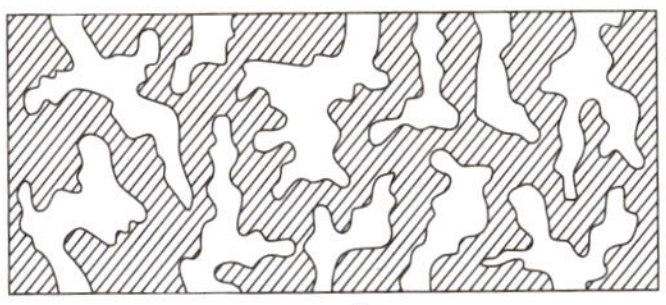
porös

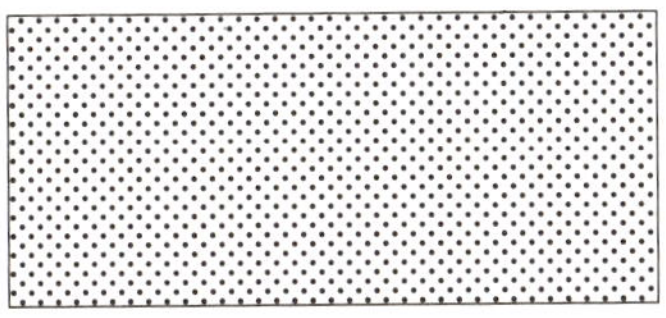
dicht

Kapillarität

3. Erklären Sie die **Farbaufnahme** von Streichwerkzeugen.

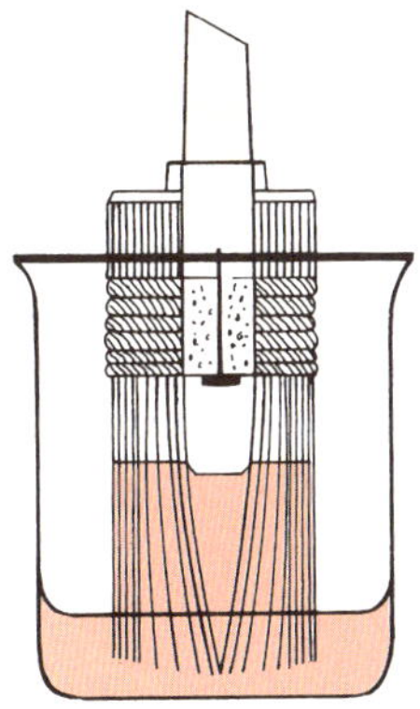

4. Beschreiben Sie die **Beobachtung** zu folgendem Versuch:

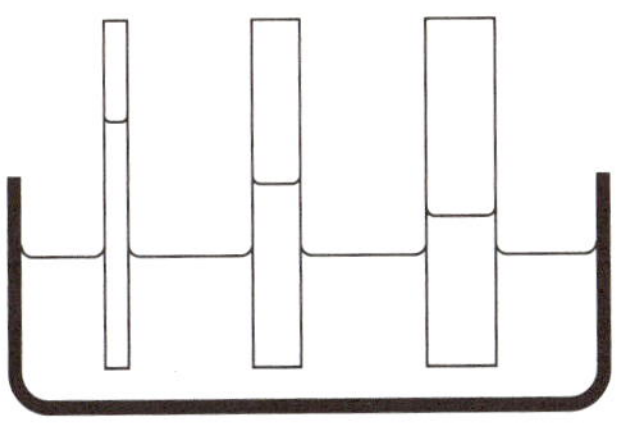
Glasröhrchen
in Wasser

5. Welche **Vorteile** bringt die Kapillarwirkung in der Malerpraxis?

Name	Datum	Klasse

Diffusion, Osmose und Luftfeuchtigkeit

zu S. 60 und 61

1. Erklären Sie den Begriff „**Diffusion**".

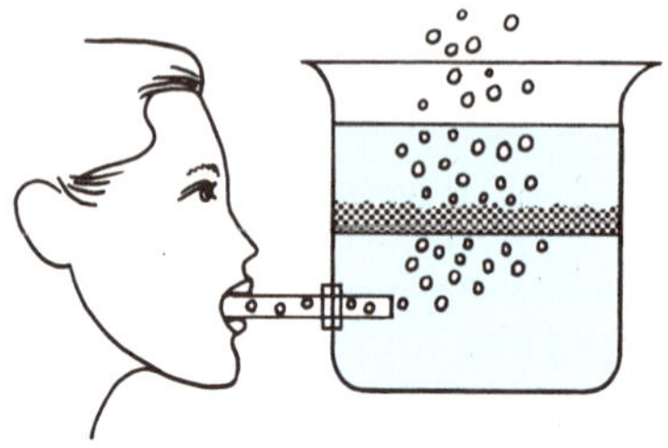

2. Wie kann **Wasserdampf** aus einem Feuchtraum (Bad, Dusche) durch Mauerwerk und Beschichtungen nach außen gelangen?

3. Welche praktische Bedeutung hat die **Osmose**?

4. Kreuzen Sie die **richtigen Aussagen** an:

- ☐ Warme Luft kann mehr Feuchtigkeit aufnehmen als kalte.
- ☐ Die Luftfeuchtigkeit ist nicht temperaturabhängig.
- ☐ Der Sättigungspunkt ist bei kalter Luft früher erreicht.
- ☐ Luftfeuchtigkeit kann die Trocknung von Anstrichstoffen verzögern.
- ☐ Die Luftfeuchtigkeit hat keinen Einfluss auf die Haftung von Anstrichstoffen.

5. Welche **Vorteile** haben diffusionsfähige Beschichtungen?

Name	Datum	Klasse

Viskosität

zu S. 61 bis 63

1. Erklären Sie den Begriff „**Viskosität**“.

____

____

2. Beschreiben Sie die **Zusammenhänge** und nennen Sie Beispiele.

Flüssigkeitszustand	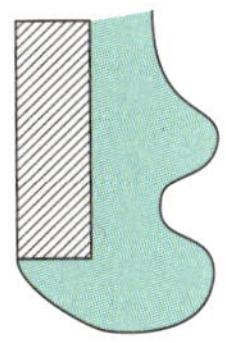 zähflüssig	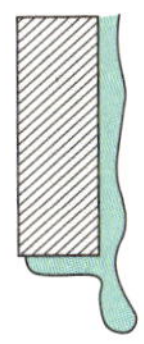 dünnflüssig
Viskosität		
Kohäsion		
Beispiele		

3. Wie kann die **Viskosität eines Anstrichstoffs** verändert werden?

____

4. Beschreiben Sie die **unterschiedliche Viskosität** der beiden Lacke, die mit dem **DIN-Becher** gemessen wurde.

Auslaufzeit	**Viskosität**
20 Sekunden	
120 Sekunden	

5. Beschreiben Sie die **Vorteile** von ...
   a) niedrigviskosen Anstrichstoffen:

   ____

   ____

   b) hochviskosen Anstrichstoffen:

   ____

   ____

Name	Datum	Klasse

Elemente – chemische Verbindungen

zu S. 64 und 65

1. Beschreiben Sie den **Unterschied** zwischen Elementen und chemischen Verbindungen.

	Elemente	Verbindungen
Beispiele		
Beschreibung		
Teilchen		

2. Erklären Sie die Begriffe „**Synthese**" und „**Analyse**" einer chemischen Verbindung.

3. Welche beiden Stoffe erhält man bei der **Analyse von Wasser**?

4. Aus wie vielen **Atomen** bestehen folgende **Moleküle**?

Wasser H_2O	
Rost Fe_2O_3	
Salzsäure HCl	
Natronlauge NaOH	
Zinkoxid ZnO	
Titandioxid TiO_2	

Name	Datum	Klasse

Oxidation und Reduktion

zu S. 67

1. Beschreiben Sie die Begriffe „**Oxidation**“ und „**Reduktion**“.

Oxidation	______________________ ______________________
Reduktion	______________________ ______________________

2. Ergänzen Sie die fehlenden Begriffe.

Metalle	+	**Sauerstoff**	=	______________________
Nichtmetalle	+	**Sauerstoff**	=	______________________

3. Nennen Sie drei weitere **Beispiele für Oxidation** in der **Malerpraxis**.
- ______________________
- ______________________
- ______________________

4. Zählen Sie fünf **Pigmente** auf, die durch **Oxidation** hergestellt werden.

____

____

____

____

____

5. Nennen Sie ein **Beispiel für Reduktion**.

____

____

____

____

Arbeitsblatt 26

Name	Datum	Klasse

Säuren und Laugen

zu S. 68

1. Beschreiben Sie die **Entstehung von Säuren und Laugen**.

Säuren	
Laugen	

2. Ergänzen Sie folgendes Schema.

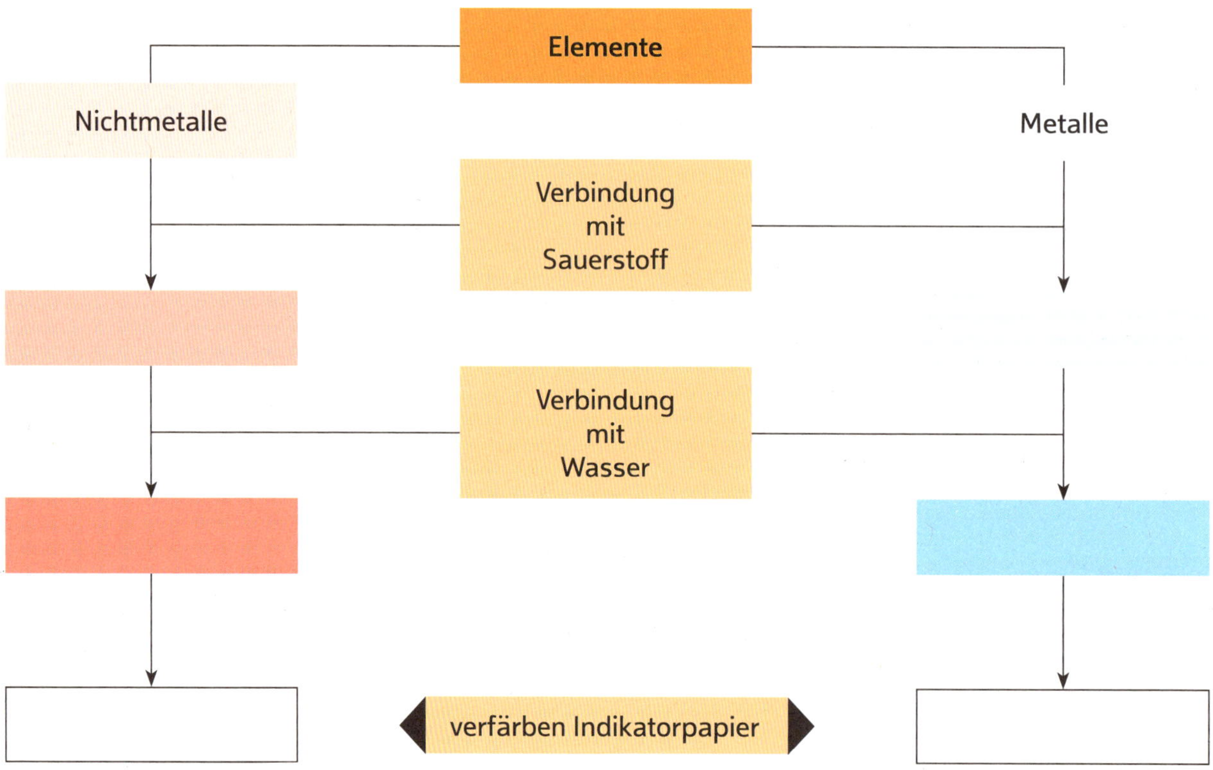

3. Welche **Bedeutung** haben **Säuren** in der Malerpraxis? Nennen Sie drei Beispiele.
-
-
-

4. Welche **Bedeutung** haben **Laugen** in der Malerpraxis? Nennen Sie drei Beispiele.
-
-
-

Name	Datum	Klasse

Umgang mit Säuren und Laugen

zu S. 68 und 69

1. Tragen Sie in die pH-Wert-Skala die **Eigenschaften** „sauer“, „neutral“ und „alkalisch“ ein.

pH-Wert-Skala

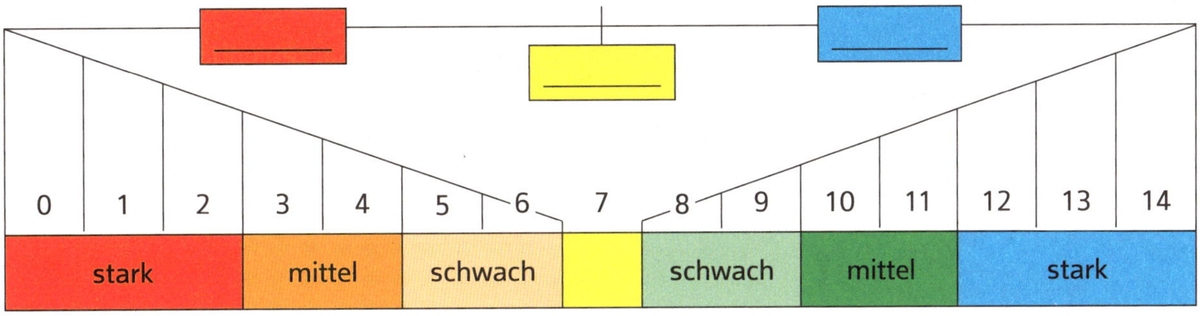

2. Nennen Sie **Beispiele für Säuren und Laugen** und teilen Sie diese nach ihrer jeweiligen Stärke ein.

Säuren	Stärke	Laugen
______ ______ ______	stark	______ ______ ______
______	mittel	______
______	schwach	______

3. Was bedeuten die **Gefahrensymbole**, mit denen Säuren und Laugen gekennzeichnet sein müssen?

______
______

______
______

______
______

______
______

4. Nennen Sie drei **Sicherheitsmaßnahmen** beim Umgang mit Säuren und Laugen.

- ______
- ______
- ______

Name	Datum	Klasse

Neutralisation und Salzbildung zu S. 70

1. Erklären Sie den Begriff „**Neutralisation**".

____

____

2. a) Welche Flüssigkeit entsteht beim **Mischen** bestimmter Mengen von **Säuren** und **Laugen**?

Säure + Lauge =

____

____

(______________ + ______________)

b) Welchen **pH-Wert** hat diese Flüssigkeit? ______________

3. Ordnen Sie die **Eigenschaften** „sauer", „neutral" und „alkalisch" den folgenden **Salzlösungen** zu.

Salzlösung	Eigenschaft
Salzsäure + Natronlauge = **Natriumchlorid** + Wasser	
Salzsäure + Ammoniak = **Ammoniumchlorid** + Wasser	
Kohlensäure + Natronlauge = **Natriumkarbonat** + Wasser	

4. Nennen Sie zwei Beispiele für die **Neutralisation** in der Malerpraxis.

- ____

  ____

- ____

  ____

5. a) Ergänzen Sie folgenden **Merksatz**:

Salze werden nach dem ______________________________ benannt.

b) Schreiben Sie die **Salznamen** und **Beispiele** in die Tabelle.

Säure	Name	Beispiel
Kohlensäure		
Schwefelsäure		
Salzsäure		
Kieselsäure		

Name	Datum	Klasse

Anstrichstoffe und Anstriche

zu S. 73 und 74

1. Erklären Sie den Begriff „**Anstrichstoff**".

2. Durch welche **Auftragsverfahren** werden Anstrichstoffe auf den Untergrund gebracht?

3. Erklären Sie den Begriff „**Anstrich**".

4. Nennen Sie die **Aufgaben der wichtigsten Anstrichschichten**.

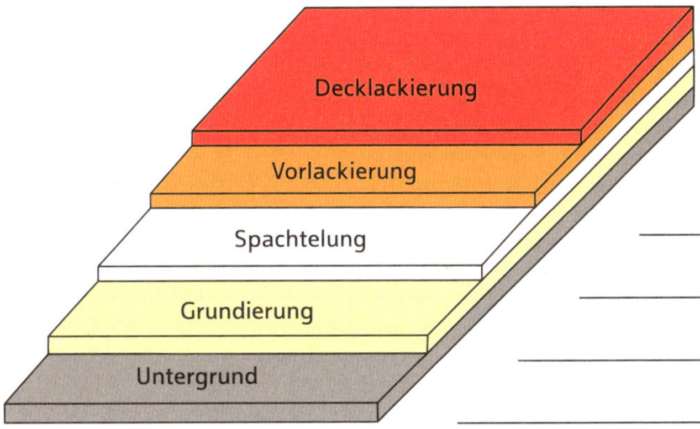

5. Schreiben Sie zu den einzelnen Kurzbeschreibungen jeweils die entsprechenden **Aufgaben der Anstriche**.

Beschreibung	Aufgaben
Sachwertschutz	
Aussehen, Gestaltung	
Hinweise, Reklame	
Gesundheitsschutz	

Arbeitsblatt 30

Name	Datum	Klasse

Trocknung der Anstrichstoffe

zu S. 75 und 76

1. Erklären Sie den Begriff **„Trocknung“** (Erhärtung).

____

____

2. Ergänzen Sie das Schema über die **Trocknungsarten**.

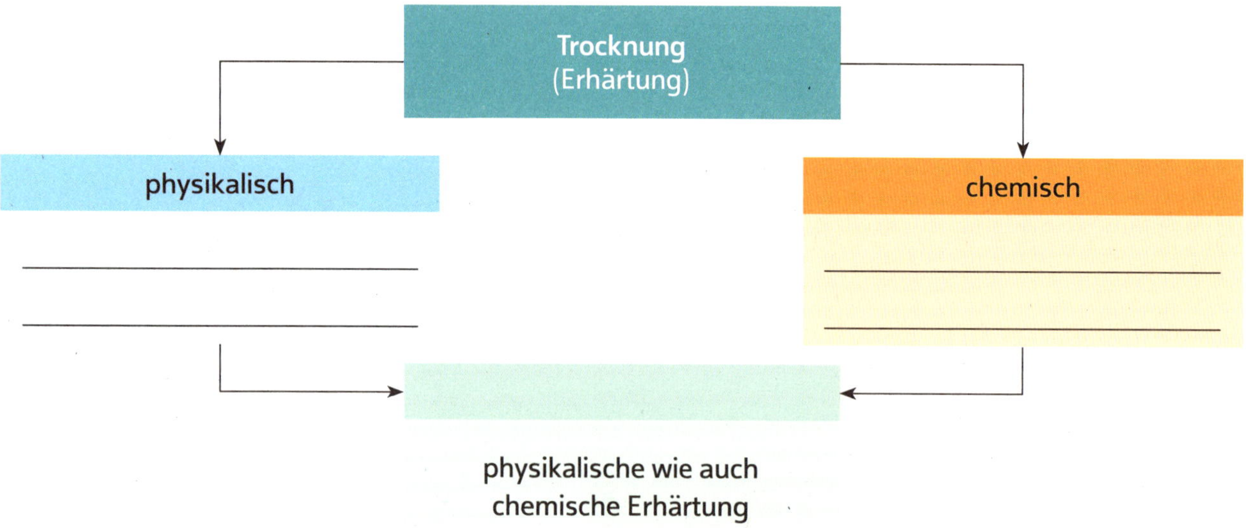

3. Beschreiben Sie die **abgebildeten Trocknungsarten** und nennen Sie Beispiele für zugehörige Anstrichstoffe.

Trocknungsart	Beschreibung	Anstrichstoffe
physikalisch 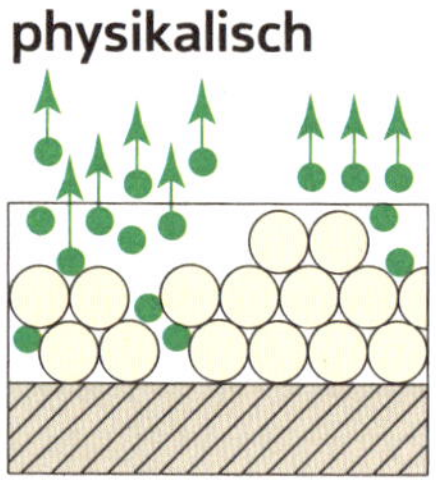		
oxidativ 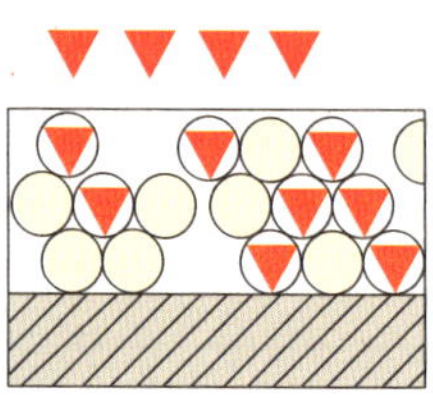		
gemischt 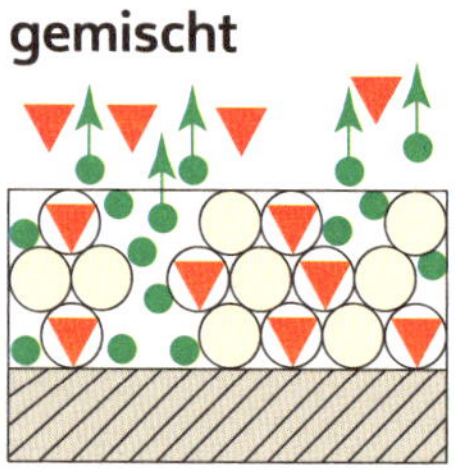		

Name	Datum	Klasse

Bestandteile eines Anstrichstoffes

zu S. 77 und 78

1. Nennen Sie die vier **Hauptbestandteile eines Anstrichstoffes**.

Anstrichstoff

\+ \+ \+

2. Ergänzen Sie folgenden Merksatz:

Jeder Anstrichstoff muss ein ______________________________ enthalten.

3. Schreiben Sie die **Beispiele** und **Eigenschaften** der aufgeführten Anstrichstoffe in folgende Tabelle.

Anstrichstoff	Beispiele	Eigenschaften
ohne Pigmente		
wenig Pigmente		
viele Pigmente		
wenig Bindemittel		
viel Bindemittel		
ohne Lösemittel		
wenig Lösemittel		

4. Aus welchen Bestandteilen setzt sich der **Festkörpergehalt** eines Anstrichstoffes zusammen?

____

5. Schreiben Sie in die freie Spalte, welche **Eigenschaften** Anstrichstoffe durch die Zugabe der vier Bestandteile bekommen.

Bestandteile	Aufgaben	Eigenschaften
Bindemittel	– **verankern** den Anstrichstoff auf dem Untergrund (Adhäsion) – **verkleben** die Pigmente miteinander (Kohäsion)	
Lösemittel	– **lösen** das feste Bindemittel – **verdünnen** den Anstrichstoff	
Farbmittel (Pigmente)	– geben dem Anstrichstoff die **Farbe**, Deckkraft und Fülle – **erhöhen die Haltbarkeit** der Anstriche	
Zusatzstoffe (Additive)	sollen bestimmte **Eigenschaften** der Anstrichstoffe **verbessern oder verhindern**	

Name	Datum	Klasse

Einteilung der Bindemittel

zu S. 80

Bindemittel

Das Bindemittel ist der wichtigste Bestandteil eines Anstrichstoffes: Es bestimmt hauptsächlich die Eigenschaften der Anstrichstoffe und Anstriche.

1. Nach welchen **Gesichtspunkten** können die Bindemittel eingeteilt werden?
   -
   -
   -
   -

2. Ergänzen Sie das Schema zur **Einteilung der Bindemittel**.

Bindemittel

- **mit Wasser verdünnbar**
  - **anorganisch**
  - **organisch**
- **mit organischen Lösemitteln verdünnbar**
  - **organisch**

3. Beschreiben Sie die drei **Aufgaben der Bindemittel**.

Untergrundverankerung (Adhäsion = Haftung)	
Pigmentverklebung (Kohäsion = Bindung)	
Untergrundschutz durch Härte, Elastizität und Beständigkeit	

Name	Datum	Klasse

Eigenschaften der Bindemittel

zu S. 81

1. Welche **Merkmale** hat ein bindemittelreicher bzw. -armer Anstrichstoff?

Bindemittelanteil	Merkmale
hoch = (bindemittelreich)	
gering = (bindemittelarm)	

Eine ausreichende Einbettung des Pigments im Bindemittel ergibt einen glatten, schützenden Anstrichfilm.
Eine mangelnde Einbettung des Pigments im Bindemittel ergibt einen porösen, zum Kreiden neigenden Anstrichfilm.

2. Beschreiben Sie die hier genannten **Eigenschaften der Bindemittel**.

Lösbarkeit 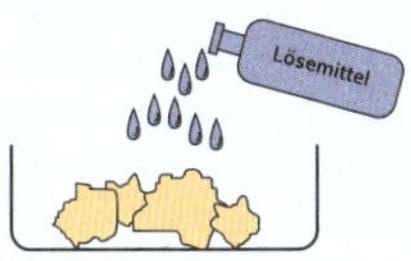	
Verdünnbarkeit 	
Trockenfähigkeit 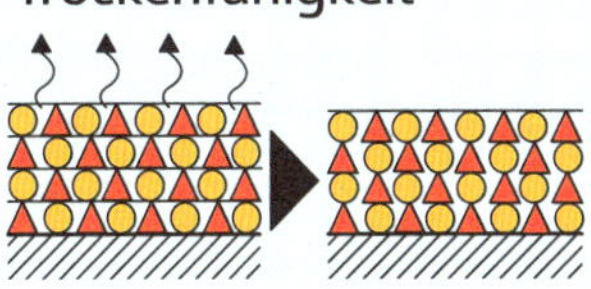	
Überstreichbarkeit 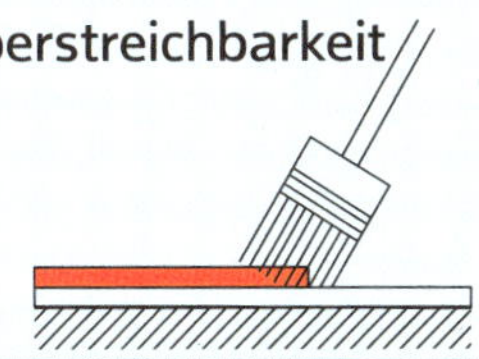	
Lichtbeständigkeit 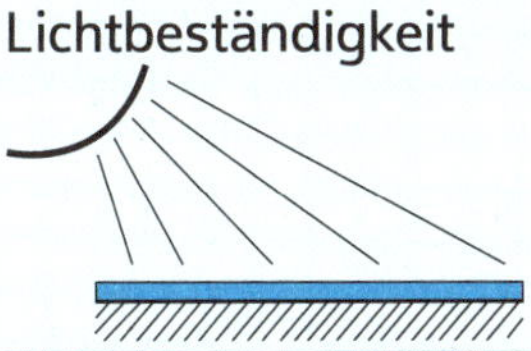	
Wetterbeständigkeit 	

Arbeitsblatt 34

Name	Datum	Klasse

Wasserverdünnbare Bindemittel

zu S. 82 und 83

1. Warum werden immer mehr **wasserverdünnbare Bindemittel** angeboten?

____

____

2. Beschreiben Sie die Eigenschaften der folgenden **mineralischen Bindemittel** in Stichpunkten.

Name/Sorte	Eigenschaften	Verwendung
Kalk – Luftkalke – hydraulische Kalke		**Bindemittel und Pigment** für atmungsaktive, wasser- und wetterbeständige Anstriche in Kellern, Waschküchen, Lagerhallen, Vorratsräumen und Viehställen sowie als Putzbindemittel
Zement graue und weiße Portlandzemente		als **Mörtelbindemittel** für Zementputze, als **Bindemittel und Pigmente** (weißer Zement) für weiße und helle Innen- und Außenanstriche
Wasserglas Kaliwasserglas = Kalisilikat		**Bindemittel** für wasser- und wetterbeständige Anstrichstoffe (Reinsilikatfarben und Dispersionssilikatfarben), auf mineralischen Untergründen auch als Bindemittel für Silikatputze

3. Nennen Sie wichtige **organische, wässrige** (wasserverdünnbare) **Bindemittel**.

____

4. Aus welchen Rohstoffen werden **pflanzliche Leime** hergestellt?

____

____

5. Beschreiben Sie die **Eigenschaften** und die **Verwendung von Zelluloseleim**.

Name/Sorte	Eigenschaften	Verwendung
Zelluloseleim (Zellulosekleister)		

Name	Datum	Klasse

Dispersionen

zu S. 83 und 84

Eine Dispersion ist ein stabiles Gemisch, bei dem ein Stoff in einem anderen fein verteilt (= dispergiert) ist.

1. Wie lassen sich **Kunststoffdispersionen** beschreiben?

____

____

____

2. Ergänzen Sie das Schema über die **Einteilung von Dispersionen** und beschreiben Sie die Beispiele.

Dispersionen

____________________		____________________
Mischung von zwei Flüssigkeiten		fester Stoff in einer Flüssigkeit
zwei an sich unverträgliche Flüssigkeiten, wie z. B. Öl in Wasser		Kunststoffteilchen (Pulver) in einer wässrigen Lösung fein verteilt
____________________	Beispiele	____________________
____________________		____________________
____________________		____________________
____________________		____________________

3. Beschreiben Sie die **Trocknung von Kunststoffdispersionen**.

____

____

____

4. Benennen Sie die verschiedenen **Dispersionsbindemittel** und beschreiben Sie ihre **Verwendung**.

Arten	Eigenschaften	Verwendung
____________________	Verarbeitbar bis 5 °C, weil tiefe Temperaturen die Filmbildung verhindern. Trockene KD-Beschichtungen sind wasserunlöslich (irreversibel).	____________________
____________________		____________________
____________________		____________________
____________________		____________________
____________________		____________________
____________________		____________________
____________________		____________________

Name	Datum	Klasse

Lösemittelverdünnbare Bindemittel

zu S. 85 und 86

Lösemittelverdünnbare Bindemittel sind organische Stoffe, die mit organischen Lösemitteln gelöst bzw. verdünnt werden.

1. Nennen Sie **Beispiele für lösemittelverdünnbare Bindemittel**.

Bindemittel	Beispiele
Öle	
Naturharze	
Kunstharze	
abgewandelte Naturprodukte	
Kunststoffe	
Bitumen	

Öle und Naturharze wurden als Bindemittel weitgehend von den künstlichen Bindemitteln (Kunstharzen) verdrängt.

2. Beschreiben Sie die **Eigenschaften** und die **Verwendung von Leinöl, Leinölfirnis und Leinöl-Standöl**.

Öle	Eigenschaften	Verwendung
Leinöl		
Leinöl-firnis	schnellere Trocknung	
Leinöl-Standöl		

Name	Datum	Klasse

Harzhaltige Bindemittel zu S. 86

Als Lackbindemittel werden heute meist Kunstharze und auch abgewandelte, veredelte Naturprodukte verwendet.

1. Wie werden **Kunstharze** nach ihrer chemischen Herstellung unterteilt?

Kunstharze	Beispiele
______________________	Polyvinylchlorid (PVC), Polyvinylacetat (PVAC)
______________________	Alkydharz, Phenolharz, Harnstoff- und Melaminharz, Polyester
______________________	Polyurethanharz, Epoxidharz

2. Wie gewinnt man **abgewandelte Naturprodukte**?

____

____

____

____

3. Beschreiben Sie die **Eigenschaften** und die **Verwendung der abgewandelten Naturprodukte**.

abgewandelte Naturprodukte	Eigenschaften	Verwendung
Zellulose Nitrozellulose	– trocknen schnell – feuergefährlich – reversibel	______________ ______________ ______________ ______________
Bitumen Asphalt, Teer, Pech	______________ ______________ ______________ ______________	Bindemittel für Bitumen-, Teer- und Pechanstrichstoffe (Schwarzlacke); Testbenzin ist ein Löse- und Verdünnungsmittel.
Kautschuk Chlorkautschuk	– gut chemikalien- und wasserbeständig – elastisch und sehr wetterbeständig	______________ ______________ ______________ ______________

Arbeitsblatt 38

Name	Datum	Klasse

Aufgaben der Löse- und Verdünnungsmittel

zu S. 88 und 89

1. Was versteht man unter dem Begriff **„Lösemittel"**?

____

2. Nennen Sie die **Aufgaben der Löse- bzw. Verdünnungsmittel**.

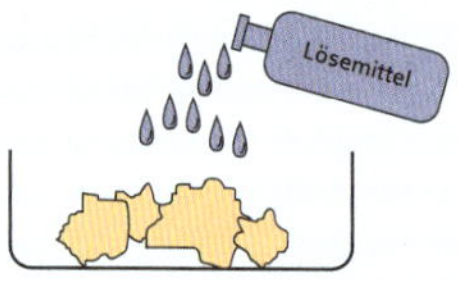 Lösemittel löst	
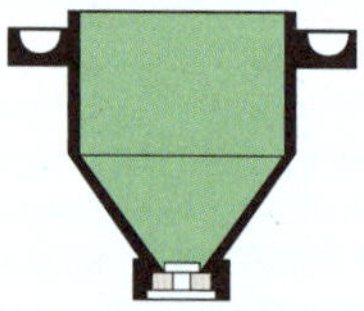 Verdünnungsmittel verdünnt	

Das Bindemittel bestimmt das geeignete Lösemittel.

3. Welche Auswirkungen haben folgende **Fehler beim Verdünnen**?

Fehler	Auswirkungen
zu starke Verdünnung	
ungenügende Verdünnung	
ungeeignetes Verdünnungsmittel	

4. Warum ist die **Nassschichtdicke** immer stärker als die **Trockenschichtdicke**?

____

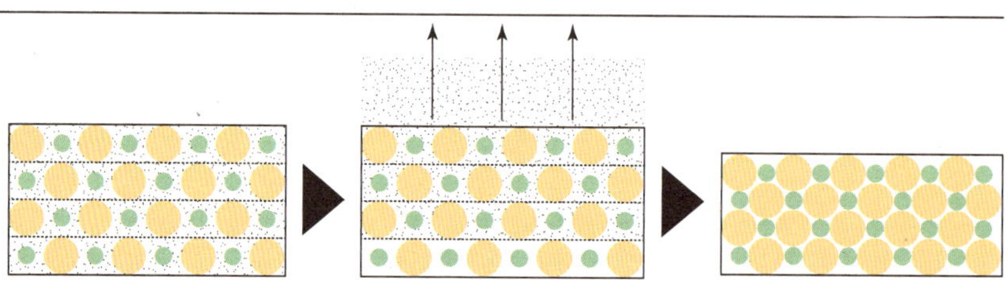

Anstrich vor während und nach der Trocknung

Name	Datum	Klasse

Eigenschaften von Lösemitteln

zu S. 90 und 91

Wasser gehört nicht zu den organischen Lösemitteln und wird zum Verdünnen von wässrigen Beschichtungsstoffen verwendet.

1. Nennen Sie die positiven Eigenschaften des **Verdünnungsmittels „Wasser“**.

Verdünnungsmittel sind häufig Lösemittelgemische, d. h., sie bestehen aus verschiedenen Lösemittelarten.

2. Für welche Beschichtungsstoffe sind folgende **Lösemittelgemische** geeignet?

Lösemittelgemische	Verdünnen von
Kunstharzverdünnung Testbenzin, Aromate wie Xylol und Toluol u. a.	
Nitroverdünnung Estern, Aromate, Ketone und Alkohole	
Universalverdünnung besteht aus sehr vielen unterschiedlichen Lösemitteln	
Spezialverdünnungen Lösemittelgemische, die für ganz spezielle Anstrichstoffe verwendet werden	

3. Welche **Eigenschaften** sind für die Verarbeitung von Lösemitteln wichtig?

4. Erklären Sie den Begriff **„Verdunstungsgeschwindigkeit“**.

5. Nennen Sie drei **Bereiche** und die **Auswirkungen**, nach denen die Lösemittel aufgrund ihrer Verdunstungszahl angegeben werden.

Lösemittelbereich	Verdunstungszahl	Auswirkungen
	unter 10	
	10 bis 35	
	über 35	

Name	Datum	Klasse

Gefahren und Kennzeichnung der Lösemittel

zu S. 92–94

1. Erklären Sie den Begriff **„Flammpunkt“**.

2. Schreiben Sie den **Flammpunkt** und die Bezeichnung zu den **Gefahrenklassen**.

Gefahrenklasse	Flammpunkt	Bezeichnung nach GHS	Gefahrenpiktogramm nach GHS
A I			 GHS 02
A II			keines
A III			keines
B			 GHS 02

3. Zu welchen **Gesundheitsschäden** führt unvorsichtiger Umgang mit Löse- bzw. Verdünnungsmitteln?

4. Welche fünf Angaben muss die **Kennzeichnung von Lösemitteln** enthalten?

-
-
-
-
-

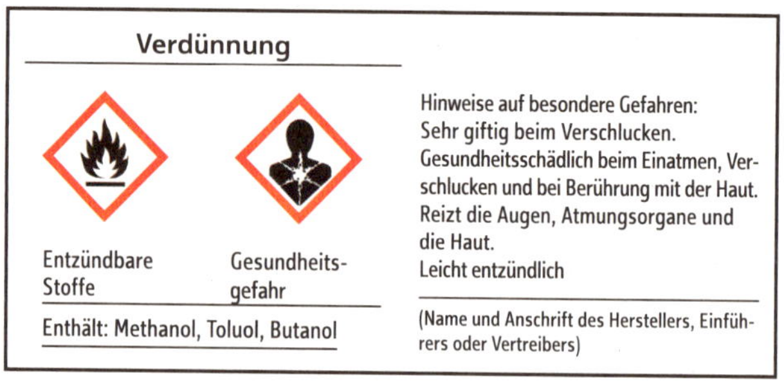

5. Was sagt der **„MAK-Wert“** aus?

6. Wie gelangen schädliche Lösemittel in den menschlichen Körper?

Name	Datum	Klasse

Farbgebende Stoffe

zu S. 95

1. Wie werden **Farbmittel nach DIN ISO 18451-1** eingeteilt?

2. Erklären Sie die Begriffe in der folgenden Tabelle:

Begriffe	Erklärungen
Pigmente	
Farbstoffe	
Füllstoffe (Exenter)	
Abtönfarben (Abtönpasten)	

3. Welche Pigmente erfüllen am besten die **Anforderungen** an einen Anstrichstoff in Bezug auf Füllvermögen und Deckkraft?

4. Erklären Sie den Begriff **„Pigmente"**.

5. Beschreiben Sie die **Aufgaben der Pigmente**.

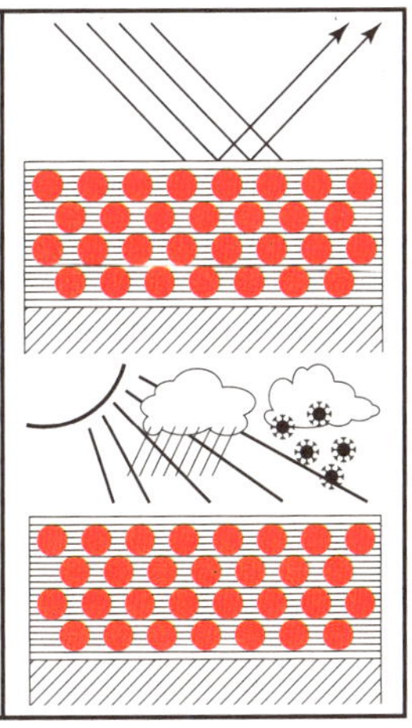

Name	Datum	Klasse

Eigenschaften und Verwendung von Pigmenten

zu S. 96 und 97

1. Wie lassen sich aus löslichen Farbstoffen unlösliche Pigmente (**Farblacke**) herstellen?

+ =

2. **Ergänzen Sie die folgende Tabelle** über die Eigenschaften und die Verwendung von Pigmenten, Füllstoffen und Farbstoffen.

	Pigmente	**Füllstoffe**	**Farbstoffe**
Eigen-schaften		– unlöslich – wenig deckend – minderwertige, billige, meist weiße Pigmente	
Verwen-dung	in Lackfarben, Kalk-farben, Silikatfarben, Dispersionsfarben und Lasuren		– in Lasuren und Beizen – zum Färben von Texti-lien, Kunststoff, Papier, Leder u. a.

3. Beschreiben Sie den **Versuch mit Pigmenten und Farbstoffen** in Wasser, indem Sie das folgende Schema ergänzen.

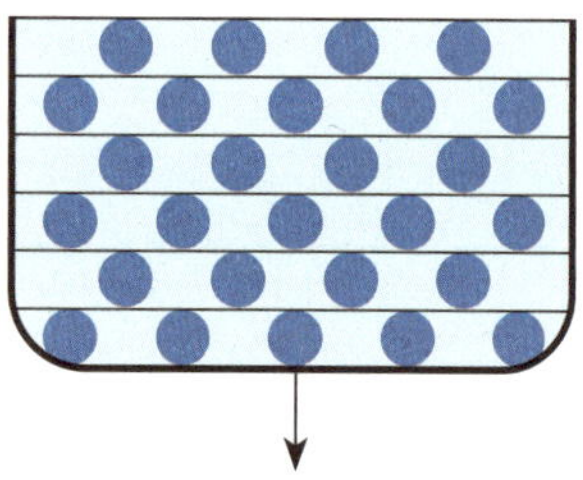

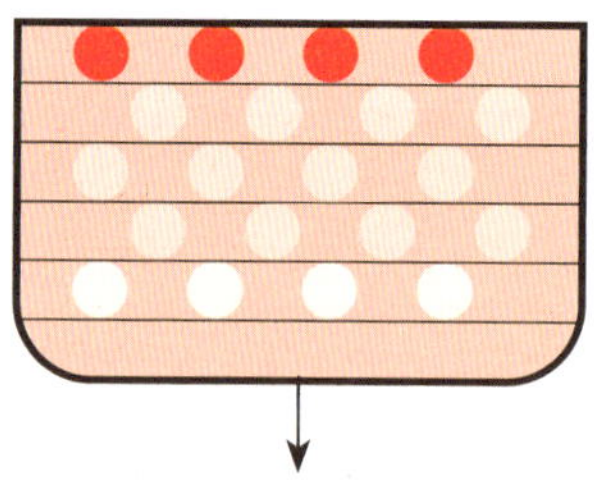

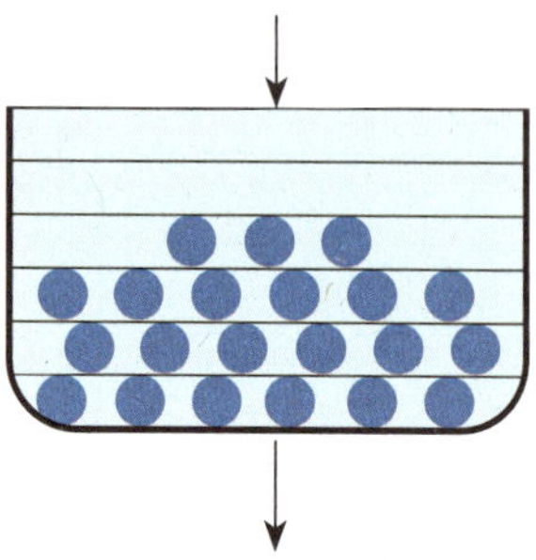

= Entmischung
(Sedimentation)

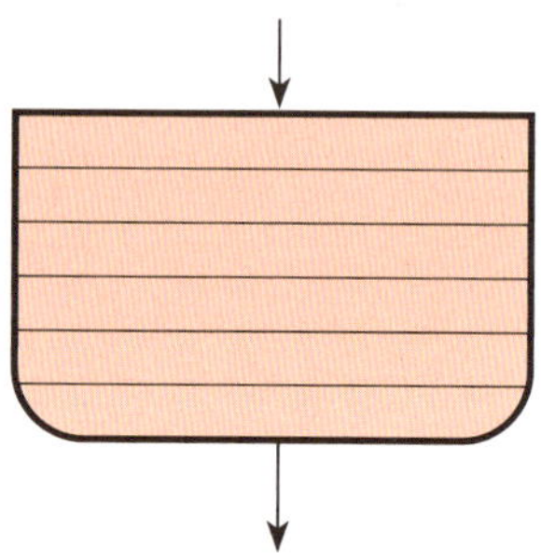

= Lösung
(nicht entmischbar)

Name	Datum	Klasse

Eigenschaften von Pigmenten

zu S. 98 und 99

1. Nennen Sie den **Pigmentanteil** zu den drei Anstricharten.

deckender Anstrich	lasierender Anstrich	farbloser Anstrich
____________	____________	____________

2. Von welchen Faktoren ist das **Deckvermögen eines Anstrichstoffes** abhängig?

- ____________________
- ____________________
- ____________________
- ____________________
- ____________________
- ____________________

3. Ergänzen Sie folgenden Merksatz.

Das Deckvermögen eines Anstrichstoffes ist umso besser, je mehr sich die Lichtbrechungswerte von ______________________________ unterscheiden.

4. Beschreiben Sie anhand der Zeichnungen die **Eigenschaften der Pigmente**.

	____________________
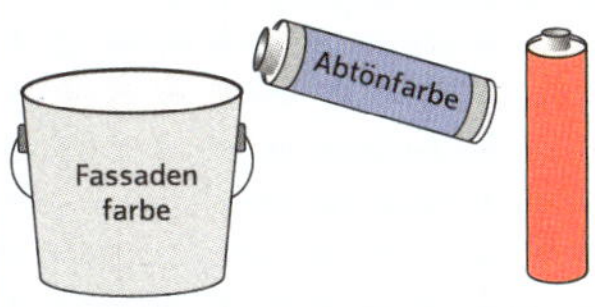	____________________
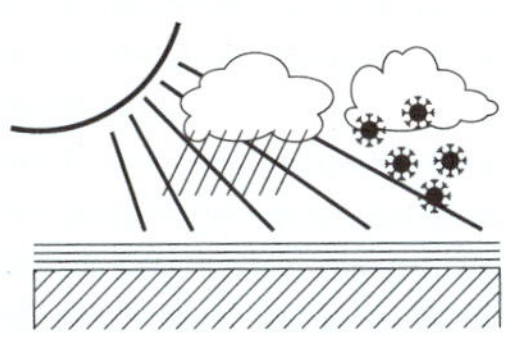	____________________
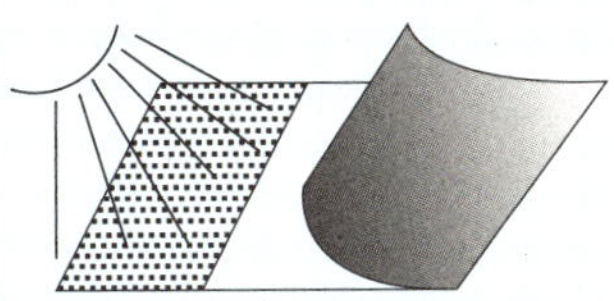	____________________
	____________________

Name	Datum	Klasse

Eigenschaften von Pigmenten II

zu S. 99 und 100

1. Was ist die **Pigment-Volumen-Konzentration** (PVK)?

2. Beschreiben Sie aktive und passive Pigmente.

aktive Pigmente 	
passive Pigmente 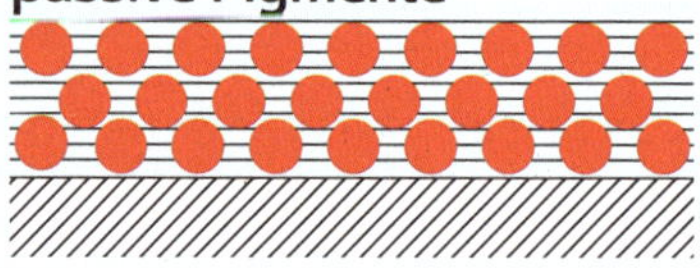	

3. Nennen Sie fünf wichtige **aktive Pigmente**.

4. Was ist die **„passivierende Wirkung von Rostschutzpigmenten“**?

5. Welche **Pigmente** eignen sich besonders gut für **Rostschutzdeckanstriche**?

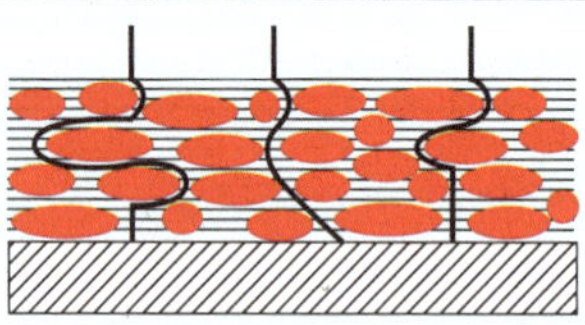	

Anstelle von giftigen Blei- und Zinkpigmenten werden heute als umweltfreundlicher Ersatz Zinkphosphat und Zinkstaubfarben verwendet.

6. Benennen Sie die **Vorteile** von **schuppenförmigen Pigmenten**.

Name	Datum	Klasse

Einteilung der wichtigsten Pigmente

zu S. 100–103

1. **Ergänzen** Sie das Schema.

Pigmente

______________________		______________________	
natürliche	künstliche	natürliche	künstliche
	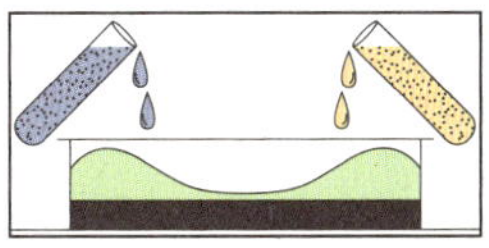		
______________	______________	______________	______________
______________	______________	______________	______________

2. **Ordnen Sie** folgende Pigmente den Gruppen in der Tabelle **zu**.

   Kreide, Titandioxid, Sepia, Kalkgelb, Lithopone, Umbra, Samtgrün, Krapplack, Terra di Siena, Eisenoxidgrün, Bleimennige, Kassler Braun, Signalrot, Zinnoberrot, Zinkstaub, Ruß

Erdpigmente	Mineralpigmente	Tier- und Pflanzen-pigmente	Teerpigmente

3. Erklären Sie den **Unterschied** zwischen Metallpigmenten und Metalleffektpigmenten.

____

____

4. Nennen Sie vier wichtige **Schutzmaßnahmen** beim Umgang mit giftigen Pigmenten.

- ____
- ____
- ____
- ____

Arbeitsblatt 46

Name	Datum	Klasse

Beschichtungsstoffe

zu S. 107 und 108

Beschichtungsstoff ist der Oberbegriff für flüssige bis pastenförmige oder auch pulverförmige Stoffe.

1. In welche drei Gruppen lassen sich Beschichtungsstoffe unterteilen?

Beschichtungsstoffe

______________ ______________ ______________

2. Erklären Sie den Begriff **„Anstrichstoff"**.

____

____

Anstrichstoffe werden überwiegend nach ihrer Bindemittelart benannt.

3. Nennen Sie Beispiele zur **Einteilung der Anstrichstoffe**.

Anstrichstoff/Lack	Beispiele
wasserverdünnbar	
lösemittelverdünnbar	
Lage im Beschichtungssystem	
Anwendungsbereich oder Bauteil	
Eigenschaften	

4. Nennen Sie **Beispiele** für umweltschonende Anstrichstoffe (Werkstoffe).

lösemittelfreie Anstrichstoffe	lösemittelarme Anstrichstoffe

Name	Datum	Klasse

Kalkfarben zu S. 109 und 110

1. Die Abbildung zeigt den **Kreislauf des Kalkes**. Ergänzen Sie die Darstellung.

   Aushärtung zum Kalkstein = ______________________________

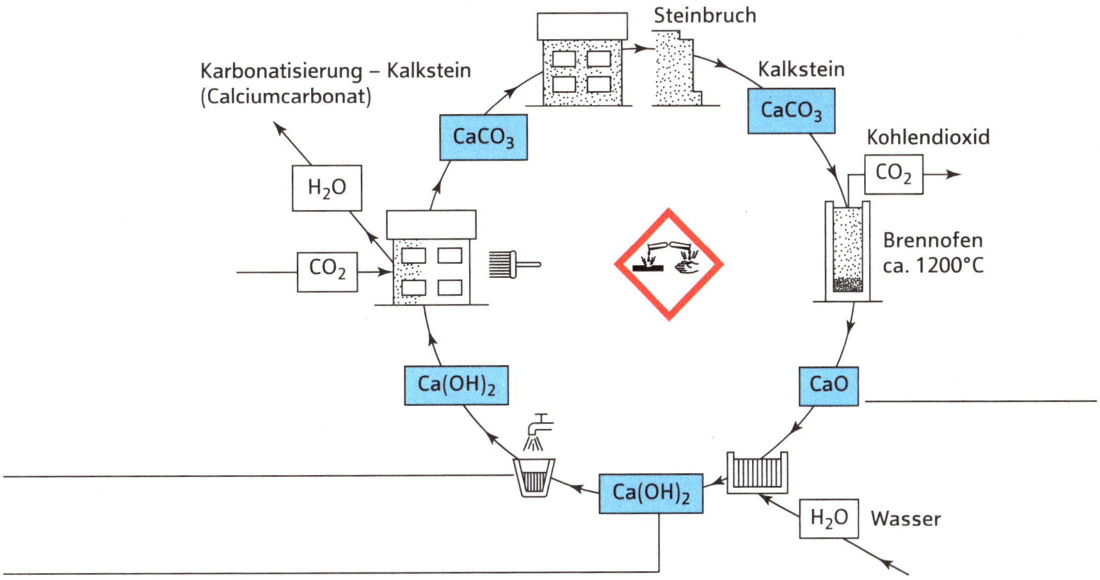

2. Erklären Sie den Begriff **„Karbonatisierung"**.

____

____

3. Für welche **Einsatzgebiete** wird Kalk verwendet?

____

____

4. Beschreiben Sie die **Verwendung von Kalkinnenfarben**.

- ______________________________
- ______________________________
- ______________________________
- ______________________________
- ______________________________

____

5. Ergänzen Sie folgenden **Merksatz**:

Kalkfarben sind ______________________ Stoffe (starke Laugen). Deshalb muss man ______________________ und ______________________ vor Spritzern schützen.

Name	Datum	Klasse

Silikatfarben

zu S. 110–112

1. Nennen Sie die beiden **Arten von Silikatfarben**. Wodurch unterscheiden sie sich?

____________ ____________ (Zweikomponenten-material)	____________________ ____________________ Das Bindemittel (Kaliwasserglas) und Pigmente werden erst kurz vor der Verarbeitung vom Maler selbst zusammengemischt.
____________ ____________ (Einkomponenten-material)	____________________ ____________________ Um die Mischung aus Bindemittellösung und Pigmenten stabil zu halten, werden vom Hersteller bis zu 5 % Kunststoffdispersion zugesetzt.

2. Aus welchen **Bestandteilen** werden **Reinsilikatfarben** angemischt?

____________ + ____________ = streichfertige Reinsilikatfarbe

3. Beschreiben Sie die **Trocknung von Silikatfarben**.

____

____

4. Nennen Sie die **Eigenschaften der Silikatfarben**.

____

____

____

____

____

____

5. Ergänzen Sie folgenden **Merksatz**:

Silikatfarben sind ____________ Stoffe (starke Laugen). Deshalb muss man ____________ und ____________ vor Farbspritzern schützen.

6. Wofür werden **Silikatfarben** verwendet?

- ____________________
- ____________________
- ____________________

Name	Datum	Klasse

Herstellung und Trocknung von Dispersionsfarben

zu S. 114 und 115

1. Für welche Beschichtungsstoffe wird eine **Kunststoffdispersion** als Bindemittel verwendet?

2. Beschreiben Sie die **Dispersionsfarben und ihre Eigenschaften**.

3. Erklären Sie die **Zusammensetzung der Dispersionsfarben**.

4. Wie nennt man die **Trocknung von Dispersionsfarben**?

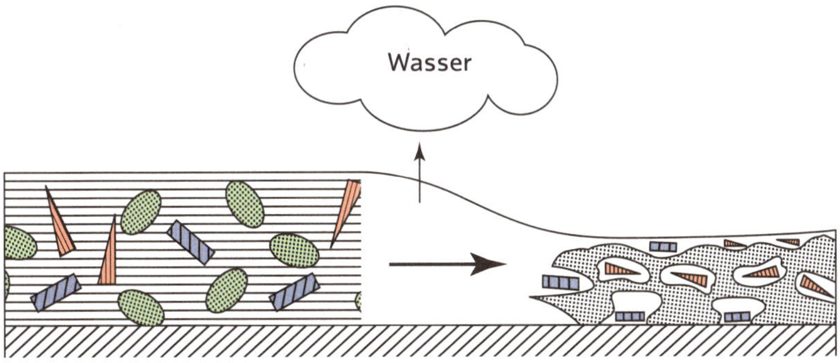

5. Beschreiben Sie den gesamten **Trocknungsvorgang** nach folgenden Angaben:

nach dem Auftragen	während der Trocknung	nach dem Trocknen

6. Ergänzen Sie folgenden **Merksatz**:

Dispersionsfarben gibt es als Innenfarben (________________________) und Außenfarben (________________________) im Handel.

Name	Datum	Klasse

Eigenschaften der Dispersionsfarben

zu S. 115–117

1. Welche **Qualitätsstufen** haben Dispersionsfarben **nach DIN EN 13300**?

___

2. Ergänzen Sie folgenden **Merksatz**:

Je ____________ der Bindemittelanteil, desto höher ist die ____________.

3. Beschreiben Sie die **Verwendung** der beiden Innendispersionsfarben.

Nassabrieb Klasse 3 (waschbeständige Dispersionsfarben)	
Nassabrieb Klasse 2 (scheuerbeständige Dispersionsfarben)	

4. Warum gehören Dispersionsfarben zu den umweltfreundlichen Anstrichstoffen?

___

___

5. Beschreiben Sie die **Eigenschaften** der beiden Außendispersionsfarben.

Fassaden-dispersionsfarben	
Fassaden-armierungsfarben	

6. Nennen Sie weitere **spezielle Dispersionsbeschichtungsstoffe**.

___

___

___

___

Name	Datum	Klasse

Kunststoffputze

zu S. 118 und 119

Kunststoffputze sind fabrikmäßig hergestellte Beschichtungsstoffe, die verarbeitungsfertig geliefert werden.

1. Welche zwei **Putztypen** unterscheidet man **bei Kunststoffputzen**?

2. Nennen Sie die **Bestandteile**, aus denen Kunststoffputze zusammengesetzt sind.

Kunststoffputze (Kunstharzputze)	– – – –

3. Welche **Zuschlagstoffe** werden für Kunststoffputze verwendet?

4. Benennen und beschreiben Sie anhand der abgebildeten **Putzstrukturen** die vier verschiedenen Kunststoffputze.

5. Was ist bei der **Verarbeitung von Kunststoffputzen** zu beachten?

Vor einer Beschichtung mit Kunststoffputz ist immer ein deckender Voranstrich aufzubringen.

Name	Datum	Klasse

Eigenschaften von Dispersionslacken

zu S. 119–121

Dispersionslacke sind wasserverdünnbare und umweltfreundliche Anstrichstoffe, die einen lackähnlichen Anstrichfilm ergeben.

1. Welche **Bindemittel** werden **für Dispersionslacke** verwendet?

____

____

2. Schreiben Sie die **Bestandteile** von Dispersionlack und dazugehörige Prozentangaben ins richtige Feld.

3. Warum benötigen Dispersionslacke einen höheren **Lösemittelanteil** als Dispersionsfarben?

____

____

4. Warum erhalten Dispersionslacke den **Blauen Umweltengel**?

____

____

____

5. Markieren Sie besonders wichtige **Eigenschaften der Dispersionslacke**. Welche Vor- und Nachteile haben sie?

Eigenschaften	wasserdampfdurchlässig (atmungsaktiv), wasserfest, enthalten nur bis 10 % organische Lösemittel, geruchsarm, elastisch, nicht vergilbend, säure- und laugenbeständig, sehr gutes Haftverhalten auf fast allen Untergründen, Dispersionslacke haben ähnliche Eigenschaften wie Dispersionsfarben
Vorteile	
Nachteile	

Name	Datum	Klasse

Siliconharzfarben

zu S. 122 und 123

Siliconharzfarben und -putze sind Qualitätsbeschichtungsstoffe. Sie sind ein zeitgemäßer Fassadenschutz mit hervorragenden Eigenschaften.

1. Benennen und beschreiben Sie das **Bindemittel von Siliconharzfarben**.

____

____

2. Schreiben Sie die **Bestandteile der Siliconharzfarbe** in die folgende Schemazeichnung.

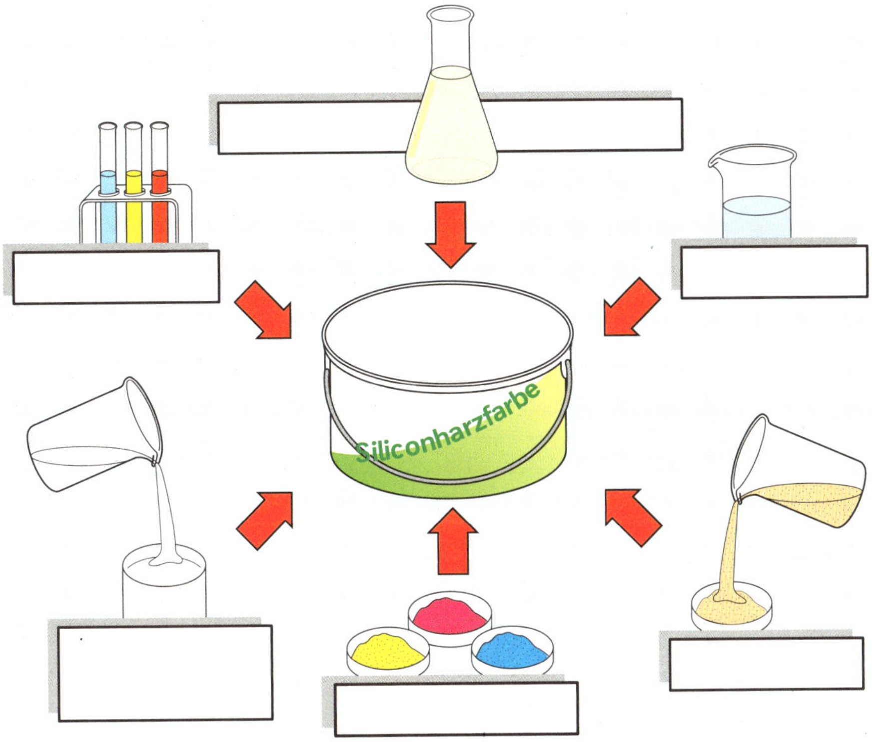

3. Welche **Vorteile** haben Siliconharzfarben?

____

____

4. Markieren Sie die wichtigsten **Eigenschaften** und beschreiben Sie die **Verwendung von Siliconharzfarben**.

Eigenschaften	besonders wasserabweisend (hydrophob), wetterbeständig, sehr gas- und wasserdampfdurchlässig (diffusionsfähig), beständig gegen aggressive Luftschadstoffe, schnell trocknend, leicht überstreich- und verarbeitbar, nicht filmbildend, moos-, algen- und pilzwidrig (fungizid)
Verwendung	

Name	Datum	Klasse

Lacke

zu S. 125 und 126

1. Beschreiben Sie, welche Art von Anstrichstoff **Lacke** sind.

___

___

___

2. Erklären Sie die Begriffe „**Lack** und **Klarlack**" nach der **DIN EN ISO 4618**.

Lack	___ ___
Klarlack	___ ___

Lacke lassen sich nach verschiedenen Gesichtspunkten einteilen.

3. Beschreiben Sie die **Bezeichnung der Lacke** nach den Beispielen bzw. umgekehrt.

Bezeichnung nach	Beispiele
___	Öllack, Alkydharzlack, Epoxidharzlack, Polyurethanharzlack, Polyesterharzlack, Acrylharzlack
Lösemittel	___
___ ___	Spritzlack, Streichlack, Flutlack, Tauchlack, Sprühlack
Anstrichaufbau	___
___ ___	Reaktionslack, Einbrennlack, lufttrocknender Lack (Luftlack), säurehärtender Lack
Oberflächeneffekt/ Glanzgrad	___ ___ ___
___	Fensterlack, Heizkörperlack, Möbellack, Autolack, Bootslack, Parkettlack
Lackmerkmal	___
___	Bautenlack, Industrielack, Heimwerkerlack, Malerlack, Speziallack

Die Einteilung der Lacke nach dem Bindemittel gibt Auskunft über Qualität, Eigenschaften und den Einsatzbereich der Lacke.

Name	Datum	Klasse

Einteilung der Lacke

zu S. 126 und 127

1. Ergänzen Sie die **Tabelle**.

Rohstoff (Bindemittel)	**ölhaltige Lacke**	**ölfreie Lacke**	**Kunstharz- und Kunststofflacke**
Beispiele	______ ______ ______	______ ______ ______ ______	______ ______ ______ ______ ______ ______
Trocknung	______	______	______
weitere Eigenschaften	______ ______ ______ ______ ______ ______	trocknen schnell, schlecht verarbeitbar, Spiritus- u. Nitrolack = spröde und wenig wetterfest, Chlorkautschuklack = elastisch, wetter- und wasserfest	gute Haftung, gute Elastizität, Filme besitzen Härte und Widerstandsfähigkeit, gut verarbeitbar, chemikalienbeständig, trocknen schnell

2. In welche **drei Gruppen** lassen sich Lacke nach Einsatz und Verarbeitung einteilen?

______

3. Beschreiben Sie die **Verwendung** der folgenden Lackarten.

Bautenlacke (Malerlacke) z. B. Alkydharzlacke, Dispersionslacke und High-Solid-Lacke	______ ______ ______ ______
Speziallacke z. B. Epoxidharzlack, Polyurethanharzlack und Chlorkautschuklack	______ ______ ______ ______

4. Was sind **Naturharzlacke** oder sogenannte Biolacke?

______

______

______

Name	Datum	Klasse

Alkydharzlacke

zu S. 128 und 129

Alkydharzlacke sind hochwertige Bautenlacke mit hervorragenden Lackeigenschaften wie Glanzhaltung, Härte, Verlauf und Wetterbeständigkeit.

1. Warum werden **Alkydharzlacke** auch als Kunstharzlacke bezeichnet?

2. Schreiben Sie die **Bestandteile** von Alkydharzlack und dazughörige Prozentangaben ins richtige Feld.

3. Aus welchen **Rohstoffen** werden Alkydharze hergestellt?

4. Ergänzen Sie die folgende Tabelle über die **Alkydharzlackarten** und ihre Verwendung.

Alkydharzlackarten	Ölanteil	Verwendung
	unter 40 %	Einbrennlacke und Lackfarben für die Industrie (Fahrzeuglacke)
mittelölige Alkydharzlacke	40 % bis 60 %	
	über 60 %	für innen und außen, z. B. Heizkörper- und Fensterlacke

5. Beschreiben Sie die **Trocknung der Alkydharzlacke**.

6. Beschreiben Sie wichtige **Vor- und Nachteile der Alkydharzlacke**.

Vorteile	
Nachteile	

Name	Datum	Klasse

Eigenschaften der Alkydharzlacke

zu S. 129–131

1. Beschreiben Sie wichtige **Eigenschaften der Alkydharzlacke**.

2. Nennen Sie sechs Alkydharzbeschichtungsstoffe für verschiedene **Einsatzgebiete**.

3. Erklären Sie folgende Begriffe:

Alkydharz-kombinationen	
Eintopfsysteme	
High-Solid-Lacke	

4. Was unterscheidet **High-Solid-Lacke** von herkömmlichen Alkydharzlacken?

5. Schreiben Sie die **Bestandteile** von High-Solid-Lack und dazugehörige Prozentangaben ins richtige Feld.

6. Beschreiben Sie die Vor- und Nachteile der **High-Solid-Lacke**.

Vorteile	
Nachteile	

Arbeitsblatt 58

Name	Datum	Klasse

Speziallacke

zu S. 132 und 133

1. Welche Werkstoffe werden als **Speziallacke** bezeichnet?

____

____

2. Benennen Sie die **zwei Gruppen** von Speziallacken, die man nach ihrer Trocknung unterscheidet.

____________ ____________	trocknen durch Verdunsten der Lösemittel
____________ ____________	trocknen durch chemische Reaktion der Bestandteile

3. Nennen Sie Beispiele für beide **Speziallackarten**.

ölfreie Lacke	____________ ____________ ____________
Kunstharz- und Kunststofflacke	____________ ____________

4. Ergänzen Sie folgenden Merksatz:

Ölfreie Lacke sind alle ____________________ (umkehrbar), d. h., sie sind nicht ____________________.

5. Beschreiben Sie die **Verwendung** folgender Speziallacke.

Chlorkautschuk-lackfarben	____________ ____________ ____________
Asphalt- und Bitumenlacke	____________ ____________ ____________
Acrylharzlacke	____________ ____________

Speziallacke sollten immer nach den Angaben des Herstellers verarbeitet werden.

Name	Datum	Klasse

Reaktionslacke

zu S. 133–135

1. Beschreiben Sie den Begriff **„Reaktionslacke“**.

____

____

____

2. Wie heißen die zwei **Bestandteile eines Zweikomponentenlackes**?

____________________ + ____________________

Zweikomponentenlacke

3. Wie lassen sich **Zweikomponentenlacke** beschreiben?

____

____

____

____

4. Ergänzen Sie folgende Aussage:

Die verschiedenen 2K-Lacke haben unterschiedliche ____________________ (= Topfzeiten), die von weniger als einer ____________ bis zu ____________ Tagen reichen.

5. Nennen Sie wichtige **2K-Speziallacke** für Maler und Lackierer und beschreiben Sie deren Trocknung.

____

____

____

6. Fassen Sie zusammen, was Sie über die **Verarbeitung von 2K-Lacken** wissen.

____

____

____

____

____

____

Name	Datum	Klasse

Umweltfreundliche Lacke

zu S. 135 und 136

1. Nennen Sie die vier **umweltfreundlichen Lacksysteme** und beschreiben Sie mit je einem Satz, warum diese Lacke umweltfreundlich sind.

______	______
______	______
______	______
______	______

2. Wann erhalten High-Solid-Lacke den **Blauen Umweltengel**?

______

______

3. Tragen Sie zum **Vergleich von Dispersionslacken mit Alkydharzlacken** die fehlenden Eigenschaften ein.

Merkmal	Dispersionslacke	Alkydharzlacke
Glanz		hochglänzend
Verlauf	befriedigend bis gut	
Härte		hart
Kratzfestigkeit	weniger bis gut	
Blockfestigkeit		gut bis sehr gut
Geruch	wenig	
Trocknung		
staubtrocken	______	3 bis 5 Stunden
grifffest	2 bis 4 Stunden	______
überstreichbar	______	18 bis 24 Stunden
durchgetrocknet	1 bis 2 Tage	______
Reinigungsfähigkeit	befriedigend bis gut	
beständig gegen alkalische Reiniger		gering (verseifen durch Laugen)
Vergilbungsneigung	sehr gering	
Glanzstabilität	sehr gut	
Versprödung		nimmt mit dem Alter zu
Elastizität	sehr gut	
Diffusionsfähigkeit	gut bis sehr gut	
Verdünnung		Testbenzin (Terpentin-Ersatz), Kunstharz-Verdünnung, Universal-Verdünnung

Name	Datum	Klasse

Anstrichaufbau

zu S. 138 und 139

1. Erklären Sie den Begriff „**Beschichtungssystem**“.

____

____

2. Benennen Sie **drei Anstrichschichten** eines üblichen Anstrichaufbaus.

① ____

② ____

③ ____

③
②
①
Stahl

3. Beschreiben Sie ein **Anstrichsystem** (Rostschutzanstrich) auf **Stahluntergrund**.

____

____

4. Beschreiben Sie die **Aufgaben** der folgenden Anstrichschichten.

	Anstrichschicht	**Aufgaben**
4	Schlussanstrich- oder Deckanstrichschicht	
3	Zwischenanstrich-, Vorlack- oder Füllerschicht	
2	Spachtelschicht	
1	Grundanstrich oder Grundanstrichschicht	
	Untergrund	

5. Ergänzen Sie folgenden Merksatz:

Die Schichtdicke eines Anstriches wird in _______________________ (µm) gemessen.

Name	Datum	Klasse

Aufgaben und Verwendung von Grundanstrichstoffen

zu S. 139–141

1. Welche **Aufgaben** haben Grundanstrichstoffe?

___

___

___

2. Welche Aufgaben haben die beiden **Arten von Grundanstrichstoffen**?

Grundanstrichstoffe für poröse Untergründe	___ ___ ___
Grundanstrichstoffe für dichte Untergründe	___ ___ ___

3. Welche **anstrichtechnischen Wirkungen** lassen sich durch Grundanstrichstoffe für poröse Untergründe erreichen?

___

___

4. Tragen Sie **wasserverdünnbare Grundanstrichstoffe und ihre Verwendung** (in Stichpunkten) in die folgende Tabelle ein.

Bindemittel/Arten	Verwendung
Kunststoffdispersionen ___ ___	___ ___ ___
___ ___ ___	___ ___ ___
Kaliwasserglas ___	für alkalische Untergründe, die mit 2K-Silikatfarben, Dispersionssilikatfarben oder Silikatputzen beschichtet werden
___	zum Verdünnen von Silikatfarben
Polymerisatharz ___	___ ___ ___

Name	Datum	Klasse

Eigenschaften der Grundanstrichstoffe zu S. 140–142

1. Wie lassen sich **Grundanstrichstoffe** allgemein **nach ihren Eigenschaften** beschreiben?

____

____

____

____

2. In welche zwei Gruppen werden **Grundanstrichstoffe in Bezug auf ihre Umweltverträglichkeit** eingeteilt?

____

____

3. Nennen Sie Beispiele für **lösemittelverdünnbare „Grundanstrichstoffe"**.

Polymerisatharz	Epoxidharz	Alkydharz
______	______	______
______	______	______
	______	______
		______

4. Beschreiben Sie die **Verwendung von Polymerisatharztiefgrund**.

____

____

5. Benennen Sie wichtige **Eigenschaften** von Ventilations- und Alkydharzrostschutzgrund.

Ventilationsgrund	______ ______ ______
Alkydharz-rostschutzgrund	______ ______ ______

6. Ergänzen Sie folgenden **Merksatz**:

Lösemittelverdünnbare ______________________ müssen beim Streich- oder Rollauftrag mit ______________________ Werkzeugen verarbeitet werden.

Name	Datum	Klasse

Hilfsstoffe

zu S. 143–145

Hilfsstoffe (Hilfsmittel) helfen dem Maler bei der Auftragsausführung, z. B. um einen Untergrund für eine Beschichtung oder Tapezierung vorzubereiten.

1. Beschreiben Sie die aufgeführten **Hilfsstoffe** oder benennen Sie diese nach der Beschreibung.

Hilfsstoffe	Beschreibung
	Alkali- und Phosphatgemische mit Netzmittel, Lösemittel und Fluaten
	Laugen und lösemittelhaltiges Abbeizfluid
Schimmelentferner	
Klebstoffentferner	
Tapetenlöser	
	Lacklöser, wasseremulgierbar, biologisch abbaubar
Entrostungsmittel	
Klebstoffe	
	Schleifpapier, Schleifvliese, Schleifpasten und Schleifpulver

2. Ergänzen Sie folgenden Merksatz:

Maler und Lackierer sollten ______________ abbaubare ______________ verwenden, weil sie die ______________ und die ______________ des Verarbeiters schonen.

3. Nennen Sie drei Beispiele für **alkalische Reinigungsmittel** und beschreiben Sie deren Verwendung.

Beispiele	Verwendung

4. Beschreiben Sie den Begriff **„Pinselreiniger“**.

____

____

5. Welche **Abbeizmittel** sind besonders umwelt- und gesundheitsschädlich?

____

____

____

Name	Datum	Klasse

Tapetenkleister zu S. 145–147

1. Beschreiben Sie die drei folgenden flüssigen **Klebstoffarten**.

   Leimlösungen = ______________________________

   Dispersionskleber = ______________________________

   Lösemittelkleber = ______________________________

2. Zählen Sie vier verschiedene **Kleisterarten** auf.

____

3. Was ist der Unterschied zwischen **Normal- und Spezialkleister**?

____

4. Beschreiben Sie **Eigenschaften** und **Verwendung von Spezialkleister**.

Eigenschaften	Verwendung

5. Was bedeutet ein **Kleisteransatzverhältnis** von 1:50 für schwere Tapeten?

____

6. Beschreiben Sie **Dispersionsklebstoffe**.

____

7. Zählen Sie verschiedene **Sorten von Dispersionsklebern** auf.

____

Name	Datum	Klasse

Wandbekleidungen

zu S. 153

1. Aus welchen **Stoffen** können Wandbekleidungen bestehen?

2. In welcher **Form** kommen Wandbekleidungen in den Handel?

3. Wie werden Wandbekleidungen **befestigt**?

4. Nennen Sie **verschiedene Wandbekleidungen**.

5. Beschreiben Sie die **beiden Gruppen** von Wandbekleidungen.

fertige Wandbekleidungen	
zu behandelnde Wandbekleidungen	

Tapeten sind fertige Wandbekleidungen, die keine weitere Behandlung mehr benötigen.

6. Erklären Sie den Begriff **„Tapete“** möglichst genau.

7. Zu welcher Gruppe von Wandbekleidungen zählt die **Raufasertapete**?

Name	Datum	Klasse

Tapeten

zu S. 154 und 155

1. Tragen Sie in die Tabelle ein, um welches **Druckverfahren** es sich jeweils handelt.

____________________	nach digitalisierter Vorlage, z. B. Foto, verschiedene Drucktechniken wie Tintenstrahl, Laser oder Elektrostatik
____________________	Zwischen Positiv- und Negativwalzen wird die Papierbahn unter hohem Druck geprägt.
____________________	Druck durch die Vertiefungen der Druckwalze – die Farbe wird vom Papier aufgesaugt.
____________________	Mit der Rakel wird die Farbe von innen durch die Öffnungen des Rundsiebes gedrückt.

2. Durch welche Faktoren wird die **Qualität von Tapeten** beeinflusst?

- ____________________
- ____________________
- ____________________
- ____________________
- ____________________
- ____________________

3. Ergänzen Sie folgenden **Merksatz**:

Je stärker das Papier und je besser die Druckfarben, desto ____________________ und ____________________ sind die Tapeten.

4. Schreiben Sie die **Lieferformen** (Maße) folgender Tapeten auf:

a) **Europarolle:** ____________________ m

b) **Standard-Raufaserrolle:** ____________________ m

5. Welche Bedeutung hat das abgebildete **RAL-Gütezeichen**?

RAL GÜTEZEICHEN TAPETEN	____________________ ____________________ ____________________ ____________________ Die Einhaltung dieser Gütebestimmungen wird ständig überwacht.

Arbeitsblatt 68

Name	Datum	Klasse

Tapetenarten

zu S. 155 und 156

1. Nennen Sie die **acht Tapetengruppen**, die **nach** der **Euronorm** definiert sind.

___

___

2. Beschreiben Sie die folgenden **Tapetenarten**.

Tapetenarten	Beschreibung
Fondtapeten	Sie erhalten vor dem Musteraufdruck einen ganzflächigen lichtechten Farbauftrag (Fond), daher sind sie lichtbeständig und vergilben nicht. Die Oberfläche kann glatt oder einfach geprägt sein. Das Muster wird nachträglich auf den Fond aufgebracht.
gaufrierte Tapeten	
Duplex-Prägetapeten	Hier werden zwei stärkere Papierbahnen miteinander verklebt und in noch feuchtem Zustand mit Stahlwalzen unter hohem Druck geprägt. Bei Prägetapeten ist an der Rückseite das Negativbild der Prägung zu sehen.
Struktur-Profiltapeten	
Gewebetapeten	
Unitapeten	Papier- oder Vliesträgertapeten, die musterlos und einfarbig sind, aber eine Prägestruktur oder einen plastischen Materauftrag haben können
Fototapeten	
EMV-Tapeten	Spezialtapeten, die vor Elektrosmog schützen und insgesamt eine hohe Abschirmung gegen verschiedene Strahlenarten bieten. Sie bestehen aus einer vollflächigen, elektrisch leitfähigen Schicht, die keine Metalle oder Schadstoffe enthält. Die Tapete ist wasserdampfdurchlässig, übertapezier- und überstreichbar.

Name	Datum	Klasse

Tapetenkennzeichnung

zu S. 158 und 159

1. Nennen Sie zu den fünf **Anfertigungskennzeichnungen** die Bedeutung.
   - **Anfertigungsnummer** ______________________
   - **Hersteller** ______________________
   - **Qualitätsgruppe** ______________________
   - **Rapportangabe** ______________________
   - **Musterrichtung** ______________________

2. Warum dürfen zum Tapezieren (in einem Raum) nur **Tapetenrollen mit gleicher Anfertigungsnummer** verwendet werden?

   ____

   ____

3. Welche zusätzliche Information auf dem **Beilegezettel** ist besonders wichtig?

   ____

4. Nennen Sie zu den **Tapetensymbolen** die jeweilige Bedeutung.

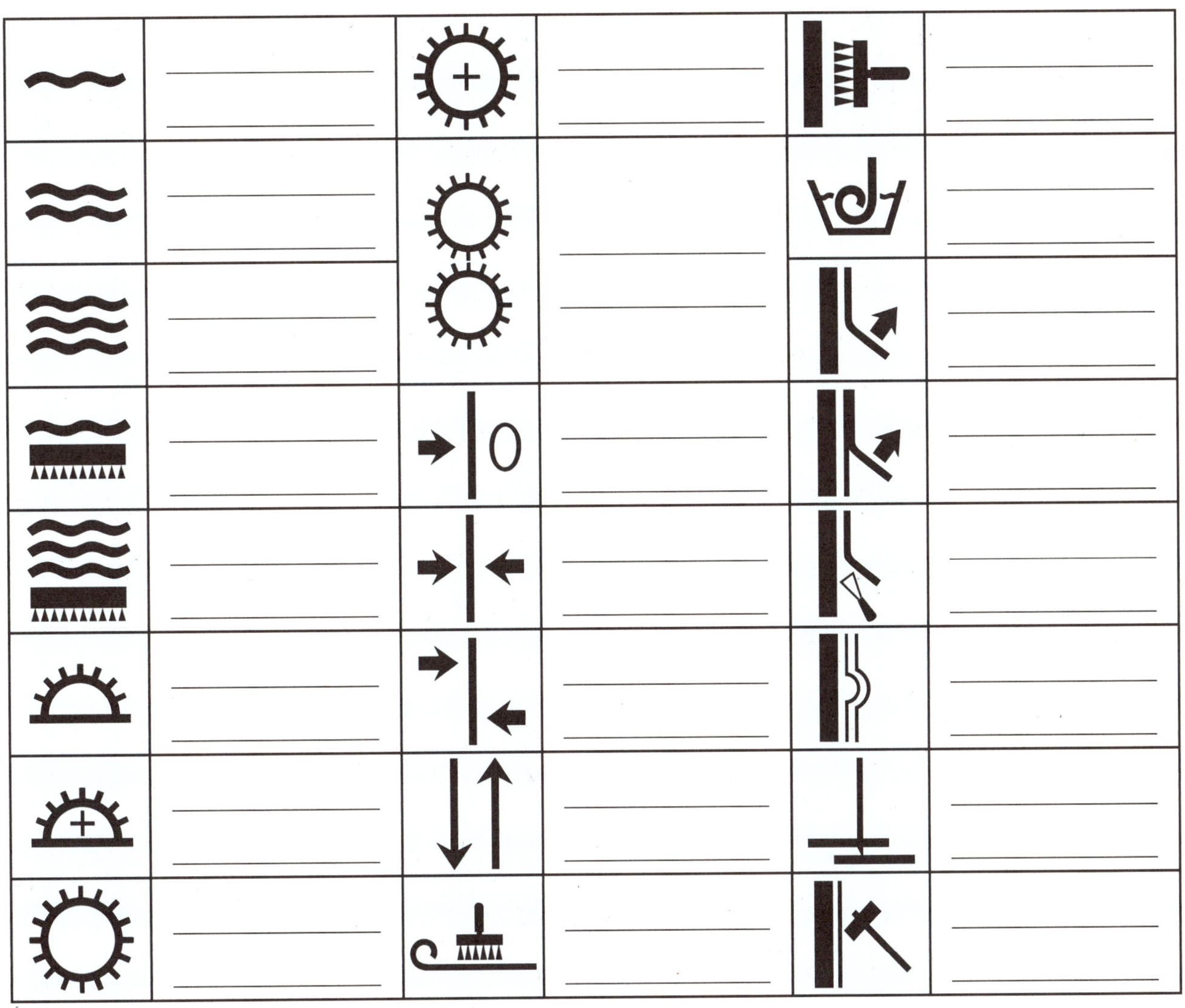

Name	Datum	Klasse

Prüfrichtlinien für Tapeten

zu S. 160–163

Achtung: Bei fehlerhafter Ware leisten Tapetenhersteller nur dann Ersatz, wenn die Prüfrichtlinien eingehalten wurden.

1. Benennen Sie die drei **Prüfrichtlinien** vor dem Öffnen der Klarsichtverpackung.
   - ______________________________
   - ______________________________
   - ______________________________

2. Beschreiben Sie die **Prüfrichtlinien** nach dem Öffnen der Klarsichtverpackung.

Prüfrichtlinie	Beschreibung
Kontrolle auf Seitengleichheit	
Kontrolle durch Fächerprobe	
Fehlerkontrolle	

3. Ergänzen Sie folgenden **Merksatz**:

Reststücke der Tapeten und der ______________________ sind bis zur Abnahme der ______________________ unbedingt aufzubewahren.

4. Wie lautet die Formel zur **Ermittlung des Rollenbedarfs**?

   benötigte Rollenzahl = ______________________________

5. Nennen Sie die Maße einer **Europa-Tapetenrolle** und geben Sie an, für wie viel m² sie reicht.

____

Name	Datum	Klasse

Streichwerkzeuge

zu S. 171–173

1. Benennen Sie die verschiedenen **Teile des Ringpinsels** und beschreiben Sie ihre **Aufgaben**.

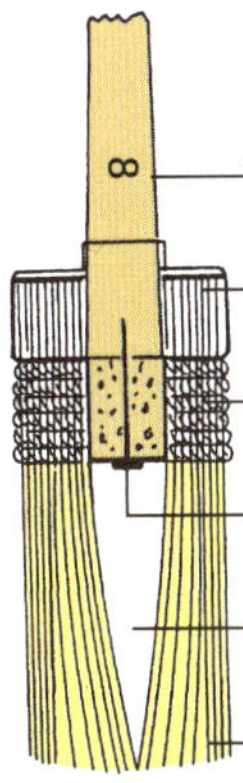

Teile	Aufgaben

2. Ergänzen Sie die Tabelle der **Ringpinselgrößen**.

Nr.	2	4	6	8								
Ø mm	20	25	30	35								

3. Benennen Sie die abgebildeten **Streichwerkzeuge** und beschreiben Sie ihre **Verwendung**.

Werkzeug	Verwendung	Werkzeug	Verwendung

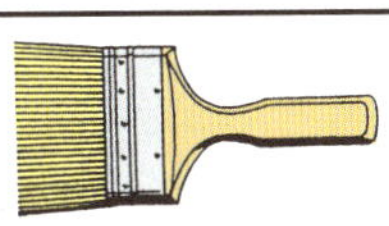			

4. Beschreiben Sie die **fachgerechte Reinigung** eines Flachpinsels, mit dem Dispersionslack gestrichen wurde.

5. Wie bewahrt man einen Pinsel auf, der ausschließlich für weißen Fensterlack verwendet wird?

Name	Datum	Klasse

Rollen – Rollwerkzeuge

zu S. 174 und 175

1. Nennen Sie **Vorteile des Rollverfahrens**.

2. Für welche Anstrichstoffe wird das abgebildete **Bezugsmaterial** verwendet?

 Lammfell	 Polyamid-Webware	 Mohair und Velours	 Moltopren® (fein)

3. Benennen Sie die abgebildeten **Rollwerkzeuge** und beschreiben Sie ihre **Verwendung**.

Werkzeug	Verwendung	Werkzeug	Verwendung
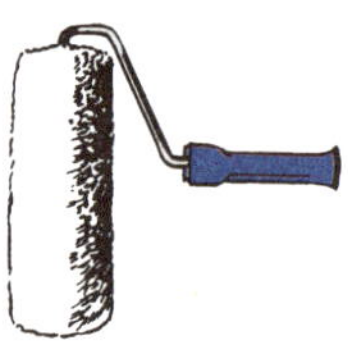			
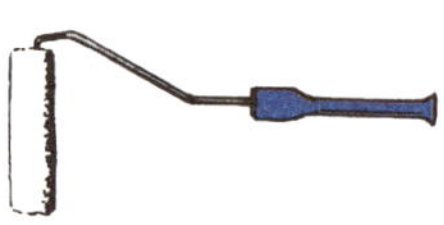			

4. Wie müssen **Farbroller vor dem ersten Gebrauch** behandelt werden?

5. Beschreiben Sie, wie **Farbroller bei Arbeitsunterbrechung** behandelt werden sollten.

Name	Datum	Klasse

Spritzverfahren zu S. 176 und 177

Im Maler- und Lackiererhandwerk werden überwiegend die unten abgebildeten drei **Spritzverfahren** eingesetzt.

Benennen Sie die Spritzverfahren und die jeweiligen **Geräte**. Beschreiben Sie die **Vorteile** der Verfahren und ihre **Verwendung**.

Gerät			
Verfahren			
Druck	0,2 bis 0,9 bar	1 bis 6 bar	bis über 300 bar
Vorteile			
Nachteile	– gröbere Zerstäubung – größere Verdünnungsmittelzugabe – begrenzte Materialmenge wegen Fließbechersystem	– starke Farbnebelbildung – höherer Materialverbrauch – Absauganlage und Atemschutz erforderlich	– teure Geräte – großer Düsenverschleiß – nur feinkörniges Spritzmaterial verwendbar
Verwendung			

Arbeitsblatt 74

Name	Datum	Klasse

Spritzgeräte

zu S. 178 und 179

1. Nennen Sie die beiden Teile, aus denen die meisten **Spritzgeräte** bestehen.

____

2. Ordnen Sie die Zahlen den Teilen der Spritzpistole zu.

① Luftabsperrventil
② Luftdüse
③ Pressluftzufuhr
④ Farbnadel
⑤ Farbdüse
⑥ Abzugshebel
⑦ Spritzmaterial (Anstrichstoff)

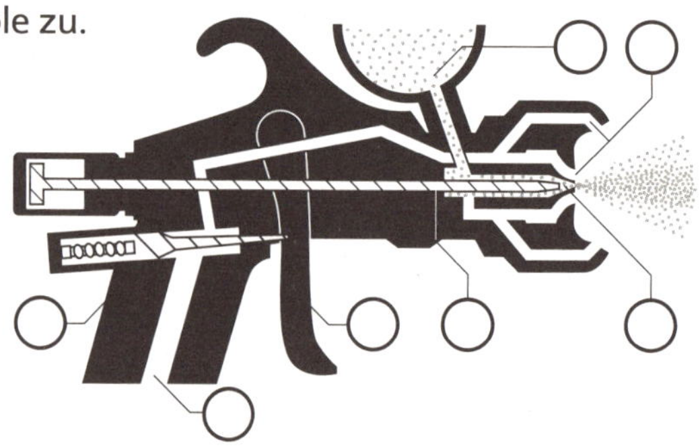

3. Wie heißen die abgebildeten **Spritzpistolen**?

	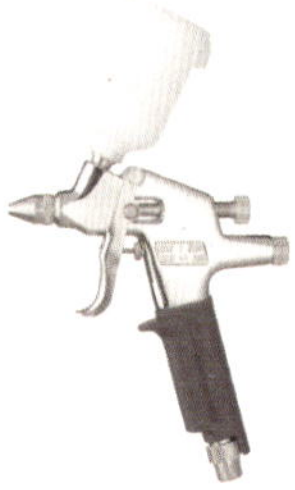	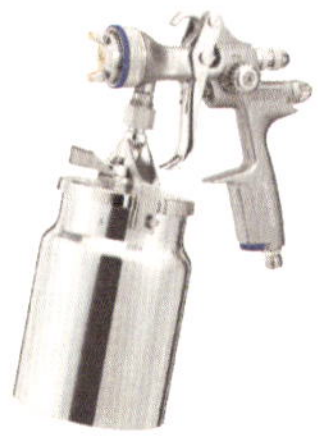		
______	______	______	______	______

4. Beschreiben Sie die **gründliche Reinigung** einer Spritzpistole.

____

____

____

5. Benennen Sie die beiden **Systeme der Anstrichstoffzuführung** und beschreiben Sie diese.

Bezeichnung	Beschreibung
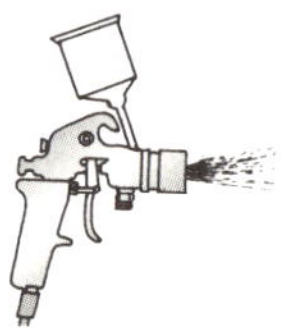 ______	______ ______ ______ ______
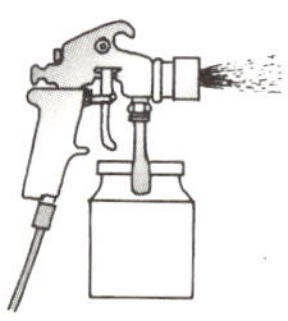 ______	______ ______ ______ ______

Name	Datum	Klasse

Untergründe

zu S. 185

1. Erklären Sie den Begriff **„Untergründe“**.

2. Nennen Sie die sechs wichtigsten **Untergrundarten**.

3. Ergänzen Sie das Schema zur **Einteilung der Untergründe**.

Untergründe
- **anorganische Untergründe**
  - **mineralische**
  -
-
  - **Holz**
  -

4. Schreiben Sie in die Leerzeilen Beispiele für **poröse und dichte Untergründe**.

poröse Untergründe		dichte Untergründe	
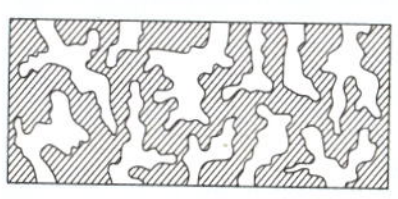		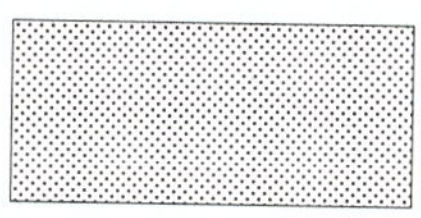	

Poröse Untergründe sind mehr oder weniger saugfähig. Dichte Untergründe können glatt oder rau sein und lassen ein Eindringen von Grundanstrichstoffen nicht zu.

5. Wie kann die **Saugfähigkeit** bei porösen Untergründen verringert werden?

Name	Datum	Klasse

Eigenschaften der Untergründe

zu S. 186–188

1. Welche unterschiedlichen Eigenschaften benötigen **Grundanstrichstoffe** für poröse und für dichte Untergründe?

poröse Untergründe 	Grundanstrichstoffe sollen – gut in den Untergrund eindringen, – ________ – ________ – ________
dichte Untergründe 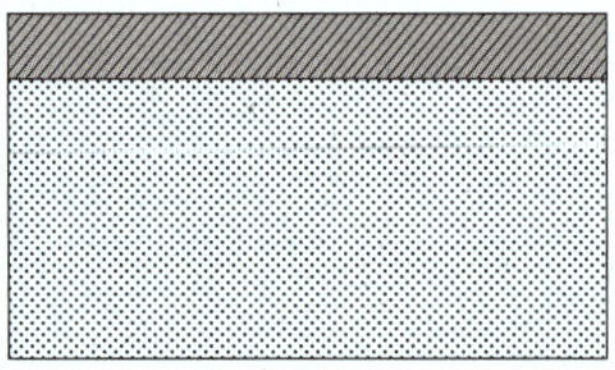	Grundanstrichstoffe sollen – besonders gut haften, d. h. eine gute Adhäsion besitzen, – ________ – ________ – ________

Anstrichuntergründe müssen sorgfältig geprüft und vorbereitet werden. Eine Beschichtung kann nur so gut sein wie ihr Untergrund.

2. Nennen Sie acht **wichtige Eigenschaften**, wie Untergründe vor einer Beschichtung beschaffen sein sollten.

3. Nennen Sie fünf Untergrundschäden.

4. Beschreiben Sie zu den **Vorarbeiten** die passenden Beispiele bei der Untergrundvorbereitung.

Vorarbeiten	Beispiele
Untergrund reinigen	– – –
Schadstoffe entfernen	– – –
Grundanstriche	– – –

Name	Datum	Klasse

Prüfverfahren

zu S. 187 und 188

Untergründe müssen vor Beginn der Malerarbeiten auf ihren Zustand überprüft werden.

1. Nennen Sie **Gründe** für die Überprüfung der Untergründe vor den Malerarbeiten.

2. Welche **Untergrundprüfungen** werden vom Maler in jedem Fall vorgenommen?

3. Benennen Sie
   a) die abgebildeten Prüfverfahren,
   b) die Eigenschaften, die geprüft werden sollen.

a)				
b)	Kratzprobe 	Gitterschnitt 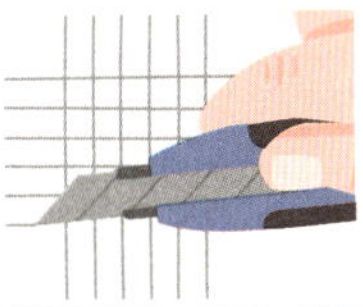	Klebebandtest 	Benetzungsprobe 

4. Welche **Gitterschnittwerte** sind hier zu sehen und was bedeuten sie?

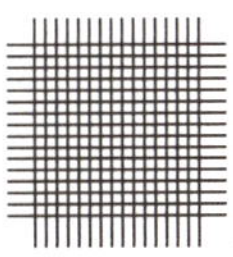	
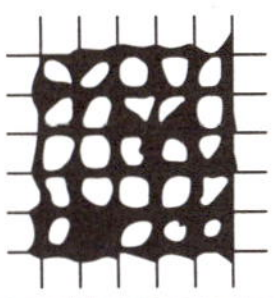	

Arbeitsblatt 78

Name	Datum	Klasse

Metalluntergründe

zu S. 190

1. Nennen Sie verschiedene **Metalluntergründe**.

____

____

2. Schreiben Sie Beispiele zu folgenden **Metallarten**.

Leichtmetalle: ____

Schwermetalle: ____

Edelmetalle: ____

Buntmetalle: ____

Metallgemische: ____

3. Benennen Sie die beiden **Metallgruppen** anhand der Beispiele.

______________________	Eisen, Stahl, Gusseisen
______________________	Aluminium, Blei, Kupfer, Zink, Zinn

4. Beschreiben Sie die **Eisen- und Nichteisenmetalle**.

Eisenmetalle (E-Metalle) 	______________________ ______________________ ______________________ ______________________
Nichteisenmetalle (NE-Metalle) 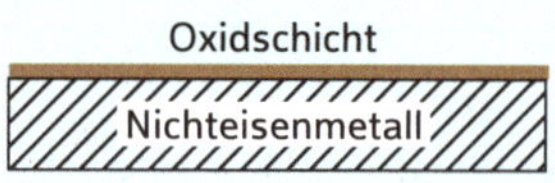	______________________ ______________________ ______________________ ______________________

5. Welche wichtigen **Eigenschaften** zeichnen Metalle aus?

____

6. Ergänzen Sie folgenden **Merksatz**:

Metalle bilden durch Witterungseinflüsse ______________________ Oberflächen, dabei ist ______________________ durch Korrosion oder ______________________ durch Oxidschichten möglich.

Name	Datum	Klasse

Korrosion

zu S. 191

1. Was versteht man unter dem Begriff **„Korrosion“**?

___

___

2. Ergänzen Sie folgenden **Merksatz**:

Bei Eisen und Stahl bedeutet Korrosion ___.

3. Erläutern Sie die **Rostbildung** und ergänzen Sie die Formel von Rost.

___

___

___

Eisen		Sauerstoff		Wasser		
Fe	+	O	+	H_2O	=	___ $Fe(OH)_2$

4. Erklären Sie den Begriff **„Rostgrade“**.

___

5. Beschreiben Sie die **Flächen- und die Kontaktkorrosion**.

Korrosionsart	Beschreibung
Flächenkorrosion 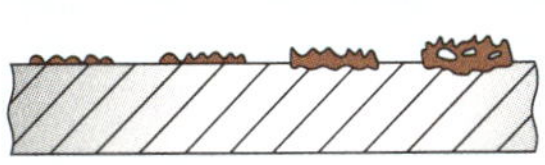	___ ___ ___ ___
Lochfraßkorrosion 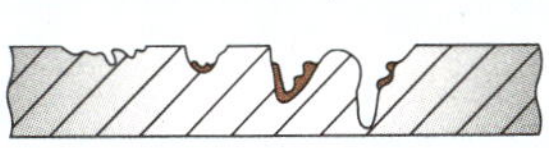	Die Lochfraßkorrosion beginnt an der Oberfläche und zerstört den Stahl auch in der Tiefe. Es entstehen Durchlöcherungen, z. B. im Blech von Fahrzeugen.
Kontaktkorrosion 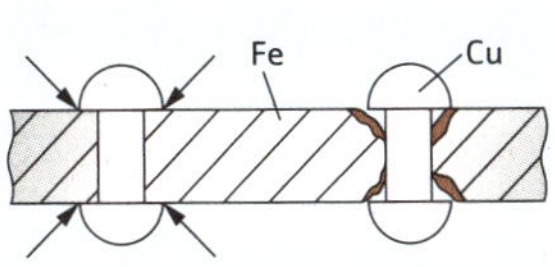	___ ___ ___ ___
Unterrostung 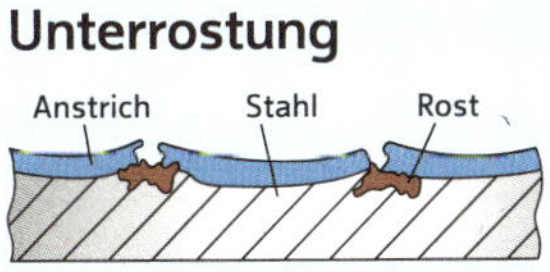	Das Wasser dringt in einen rissigen Anstrich ein und führt dort zu Rostbildung. Dadurch wird der Anstrich teilweise oder auch ganz abgesprengt.

Arbeitsblatt 80

Name	Datum	Klasse

Korrosionsschutz

zu S. 193

1. Wodurch können Maler und Lackierer **Eisenmetalle** vor Rost schützen?

____

2. Nennen Sie Grundvoraussetzungen für einen dauerhaften **Korrosionsschutz** durch Beschichtungen.

- **Untergrundprüfung** ______________________
- ______________________ durch Reinigen, Entfetten und Entrosten
- **Beschichtungsstoff** ______________________
- ______________________ mit ausreichender Schichtstärke von 160 µm

3. Ergänzen Sie folgende **Merksätze**:

Korrosionsschutzsysteme bestehen aus Grund-______________________.

Die Gesamtschichtdicke soll mindestens __________ µm betragen.

4. Beschreiben Sie die **Aufgaben** der folgenden Anstrichstoffe.

Rostschutzgrund-anstrich	
Rostschutzdeck-anstrich	

5. Nennen Sie **wichtige Rostschutzpigmente**.

____

6. Beschreiben Sie folgende **Bindemittel für Korrosionsschutzanstriche**.

Alkydharze	
Epoxidharze	
Polyurethanharze	
Acrylharze	
Chlorkautschuk	
Bitumen	

Name	Datum	Klasse

Nichteisenmetalle zu S. 194 und 195

1. Warum sind **Nichteisenmetalle** schwierige Untergründe?

____

____

2. Ergänzen Sie folgenden **Merksatz**:

Für die dauerhafte Beschichtung von Nichteisenmetallen sind ______________________________ ______________________ und __________________ ______________________ erforderlich.

3. Beschreiben Sie die **Reinigung einer Zinkoberfläche** vor einer Beschichtung.

Beschreibung der Netzmittelwäsche	Zusammensetzung des Reinigungsmittels

4. Benennen Sie geeignete **Beschichtungssysteme auf Zink** sowie verzinkten Bauteilen und vervollständigen Sie den Anstrichaufbau.

____

____

____

____

____

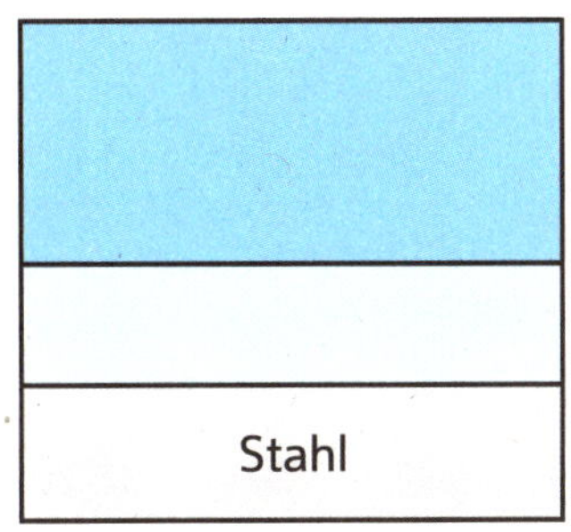

Anstrichaufbau

5. Welche **Haftgrundierungen** sind für Aluminium erforderlich?

____

____

6. Aus welchem Grund wird **Kupfer farblos** beschichtet (lackiert)?

____

____

Name	Datum	Klasse

Mineralische Untergründe

zu S. 196 und 197

1. Was sind **mineralische Untergründe**?

____

2. Ergänzen Sie die Tabelle.

mineralische Untergründe		
natürliche	gebundene	gebrannte

3. Beschreiben Sie die unterschiedlichen **Eigenschaften** der mineralischen Untergründe.

Eigenschaften	Beschreibung	Untergrundprüfung
Festigkeit 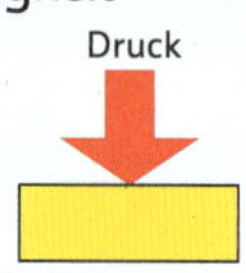		durch Kratz- oder Nagelprobe
Härte/Dichte 		durch Klangprobe *Je härter ein Baustoff, desto heller klingt er.*
Oberflächenstruktur 		durch Anschauen *Je rauer die Oberfläche, desto besser ist die Haftung.*
Saugfähigkeit/ Kapilarität 		durch Benetzungsprobe *Je poröser ein Baustoff, desto größer ist das Saugvermögen.*
Alkalität 		durch Indikatorpapier *pH-Werte:* *1 bis 6 = sauer, 7 = neutral, 8 bis 14 = alkalisch*
Wetterbeständigkeit 		durch Anschauen *Feuchte Baustoffe sind nicht frostbeständig.*
Wärmedämmung 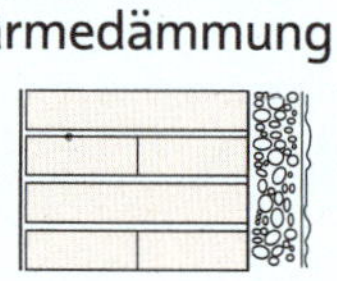		durch Anschauen *Je poröser der Baustoff, desto besser die Wärmedämmung.*

Name	Datum	Klasse

Putze und Mörtelgruppen

zu S. 198–200

1. Erklären Sie den Begriff **„Putze"**.

____

____

2. Ergänzen Sie das Schema.

Zusammensetzung von Putzmörtel

Bindemittel	⇨	
+		
Zuschlagstoffe	⇨	
+		
Anmachwasser	⇨	
=		
Putzmörtel	➧	

3. Nennen und beschreiben Sie die Bindemittelarten und Eigenschaften der **Putzmörtelgruppen**.

Mörtel-gruppe	Bindemittel	Eigenschaften und Verwendung
P I		Putze für innen und außen
P II		Putze für innen und außen, als Unterputz und für den Keller- und Sockelbereich
P III		für wassersperrende Putze innen und außen, in Kellern, Feuchträumen und im Sockelbereich
P IV		nur für den Innenbereich, meist für einlagige Innenputze im Wohnbereich

Name	Datum	Klasse

Aufgaben der Putze

zu S. 200

1. Warum gehören **Kalk- und Zementmörtel** zu den gefährlichen Arbeitsstoffen?

2. Benennen Sie die vier **Aufgaben der Putze**.

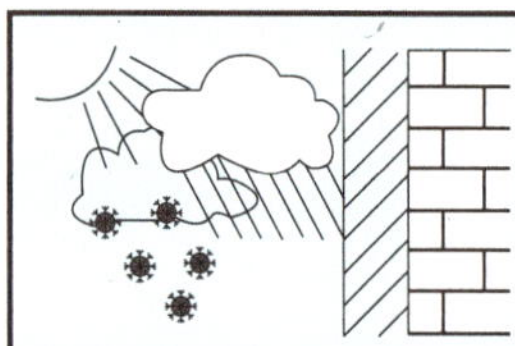	

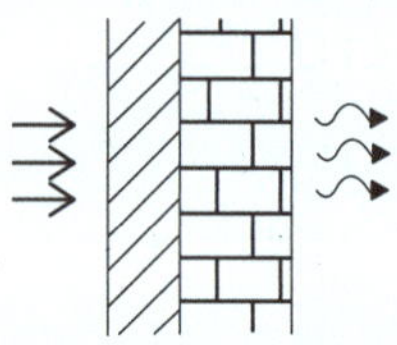	
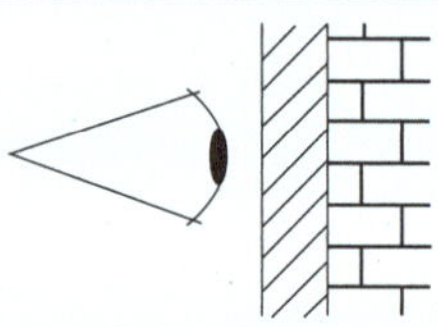	

3. Zählen Sie fünf verschiedene **Putzstrukturen** auf.

Putze werden ein- oder zweilagig (ein- oder zweischichtig) von Hand oder mit Putzmaschinen verarbeitet.

4. Welche Einsatzgebiete haben **ein- oder zweilagige Putze**?

einlagig	Einsatzgebiete	zweilagig
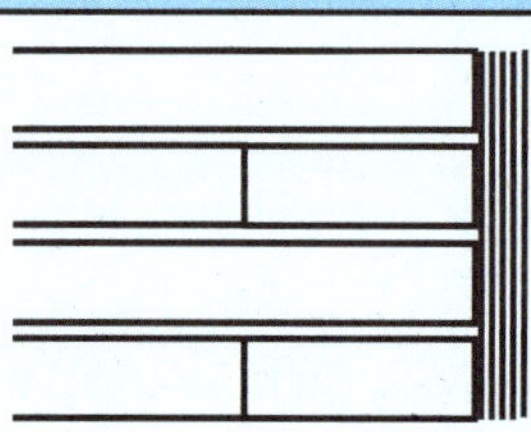	einlagig = zweilagig =	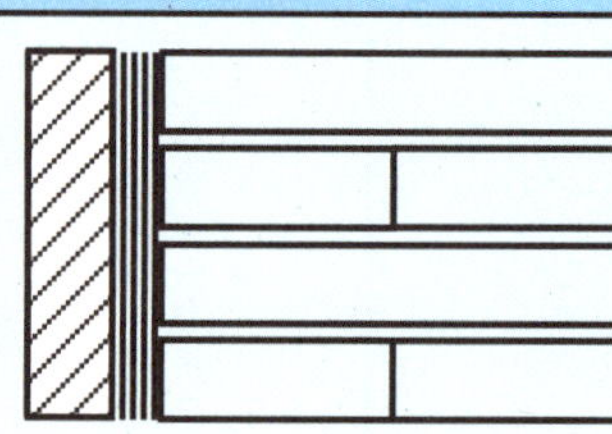

Name	Datum	Klasse

Putzrisse und ihre Auswirkungen

zu S. 202

1. Welche Auswirkungen haben **Putzrisse**?

2. Benennen Sie die **Rissarten** und beschreiben Sie die passende Rissarmierung.

Rissart	Beschreibung und Beseitigung
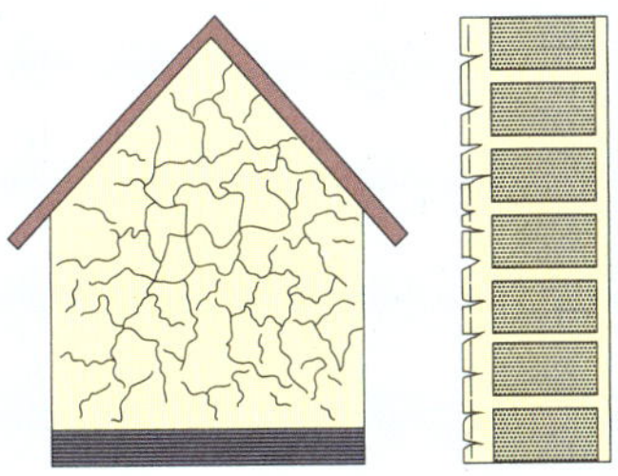	sind feine Putzrisse, die auch als Haar- und Netzrisse bezeichnet werden. Sie können durch zu schnelle Trocknung und falsche Zusammensetzung des Mörtels entstehen. – –
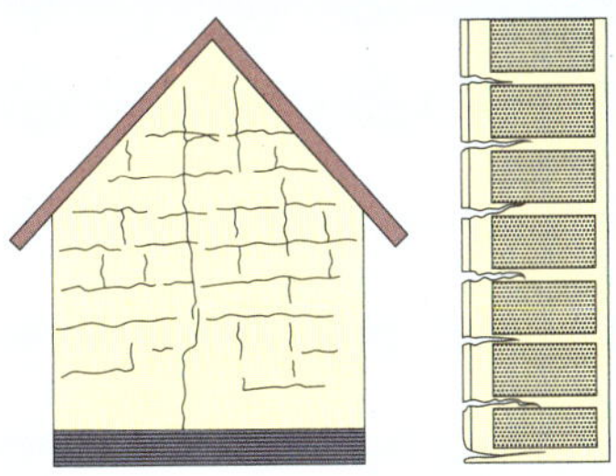	sind Risse, die an Stoß- und Lagerfugen der Bausteine auftreten. Sie entstehen meistens durch Verputzen von noch feuchtem, schlecht durchgetrocknetem Mauerwerk. – –
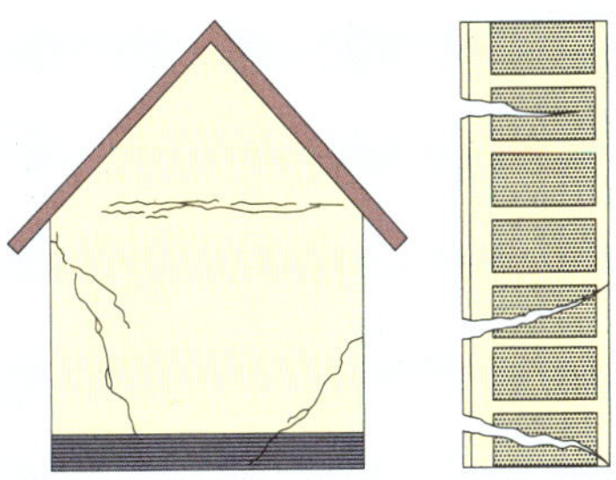	sind Einzel- oder Setzrisse, die zwischen Bauteilen durch Baugrundabsetzung oder Erschütterung des Baukörpers entstehen. Es sind auch sogenannte statische Risse, weil sie oft durch das gesamte Mauerwerk reißen. – –

3. Was ist bei der **Verarbeitung von Armierungssystemen** unbedingt zu beachten?

Arbeitsblatt 86

Name	Datum	Klasse

Holzuntergründe

zu S. 205 und 206

1. Nennen Sie verschiedene **Holzuntergründe**.

___

___

2. Benennen Sie die **Teile des Stammquerschnittes** und der **Holzzellen**.

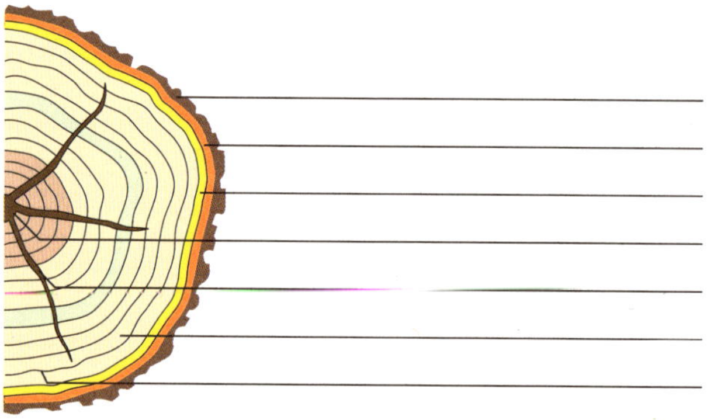

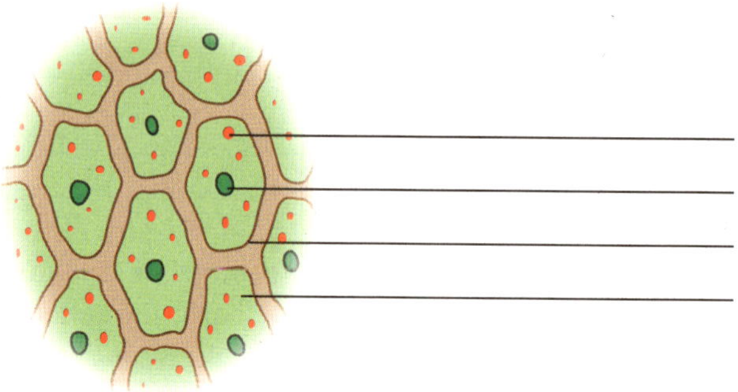

3. Benennen Sie die **Holzbestandteile**.

___

___

___

4. Nennen Sie bekannte **Holzinhaltstoffe**.

___

5. Geben Sie je vier **inländische Laub- und Nadelhölzer** an.

___

___

6. Ergänzen Sie folgende **Merksätze**:

Laubhölzer können sowohl Weich- als auch ______ sein.

Nadelhölzer sind dagegen immer ______.

7. Was sind **„tropische Hölzer“** und welche Nachteile haben sie bei einer Beschichtung?

___

___

___

___

Name	Datum	Klasse

Holzfeuchtigkeit

zu S. 206 und 207

1. Welche Auswirkungen hat die **Feuchtigkeit** auf das Holz?

2. Beschreiben Sie folgende **Holzzustände**.

Quellen 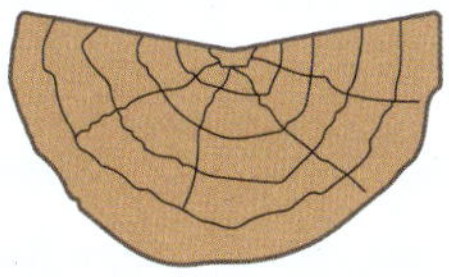	
Schwinden 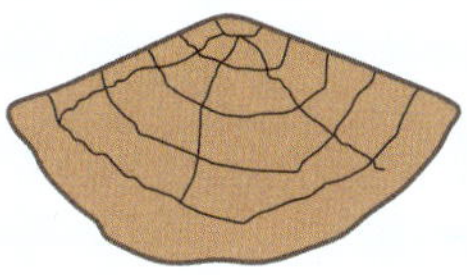	

3. Welcher Begriff bezeichnet das **Quellen und Schwinden** des Holzes?

4. Warum und womit soll die **Feuchtigkeit** des Holzes gemessen werden?

5. Wie hoch darf bei den verschiedenen **Holzarten** die Holzfeuchtigkeit maximal sein?

Außenbeschichtungen	
Innenbeschichtungen	

6. Welche **Anstrichschäden** entstehen durch zu hohe Holzfeuchtigkeit?

Name	Datum	Klasse

Holzvorbehandlung

zu S. 209 und 210

1. Warum sollte Holz durch **Anstriche** geschützt werden?

____

____

2. Welche Arbeitsschritte gehören zu einer **Holzvorbehandlung**?

- ____

  ____

- ____

  ____

3. Schreiben Sie zu den folgenden **Untergrundmängeln** die erforderliche Vorbehandlung.

Unebenheit, Poren, Risse, abstehende Holzfasern 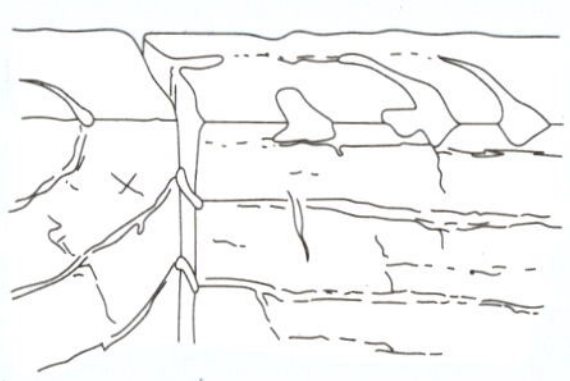	
Harzausfluss aus Harzgallen 	
Holzinhaltstoffe bei tropischen Hölzern 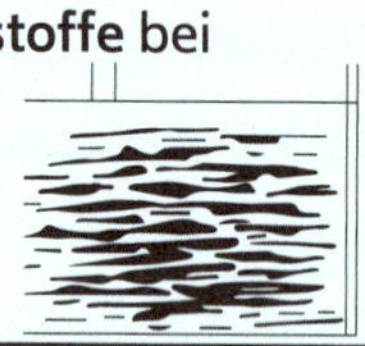	
scharfe Kanten und waagerechte Fenster-profile 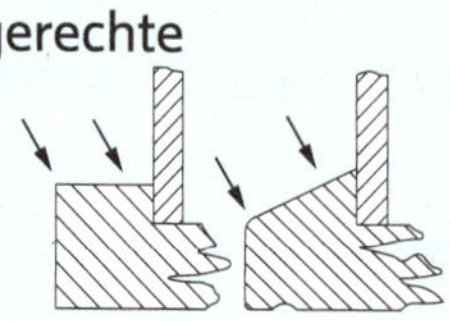	
Tragfähigkeit alter Anstriche 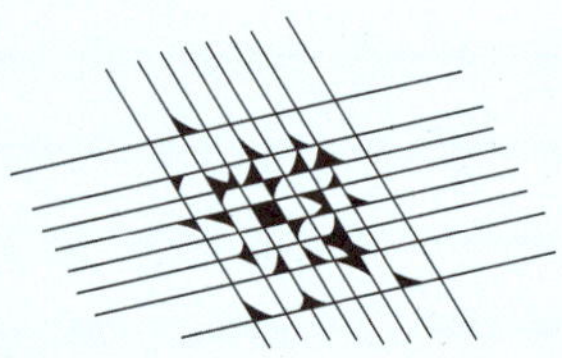	

Name	Datum	Klasse

Beschichtungssysteme auf Holz

zu S. 210 und 211

1. Nach welchen Gesichtspunkten werden die **Beschichtungssysteme auf Holz** ausgewählt?

___

___

2. Ergänzen Sie die **Übersicht der Anstrichsysteme.**

Beschich-tungssystem	**deckend** 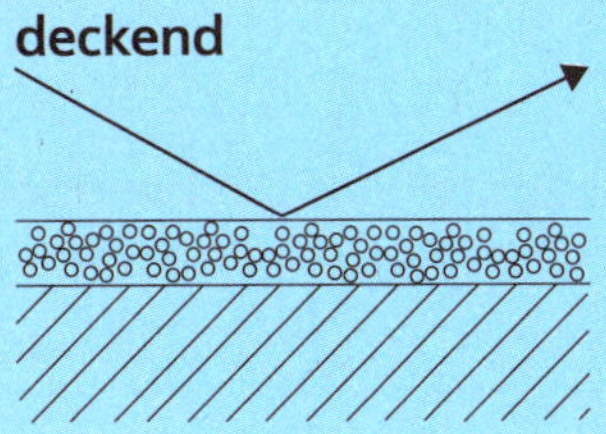	**lasierend** 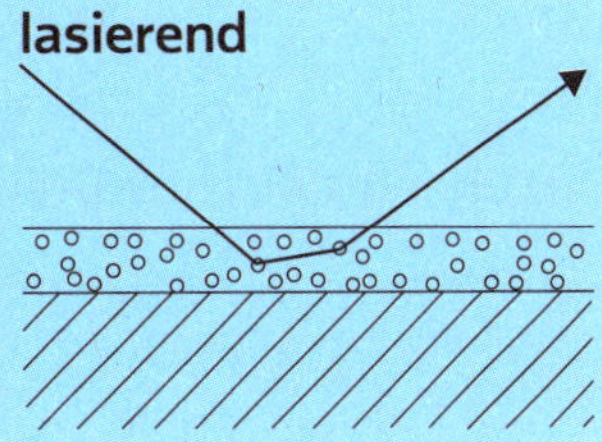	**farblos** 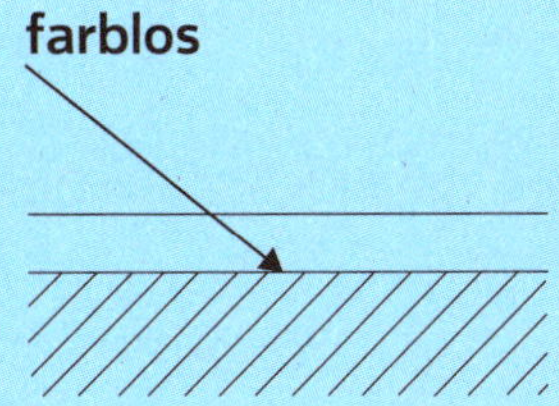
Merkmale			
Vorteile			
Nachteile	– Holzstruktur nicht sichtbar – aufwendige Renovierung	nur teilweise UV-geschützt	nicht UV-geschützt
Beschich-tungsstoffe			

3. Welche Anstrichstoffe eignen sich für **Außenbeschichtungen** auf nicht maßhaltigem bzw. maßhaltigem Holz?

nicht maßhaltiges Holz (z. B. Verbretterungen)	
maßhaltiges Holz (z. B. Türen und Fenster)	

4. Benennen Sie die **Schichten eines deckenden Anstriches** auf Außenholz.

___

Arbeitsblatt 90

Name	Datum	Klasse

Lichtbrechung, Reflexion und Absorption zu S. 214 und 215

Lichtbrechung

Lichtstrahlen, die schräg auf einen durchsichtigen Stoff treffen, werden optisch gebrochen.

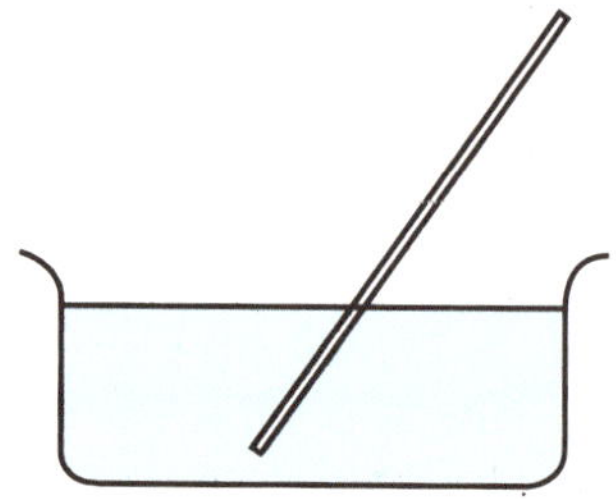

1. Zeichnen Sie den **optischen Verlauf** eines Stabes, der im Wasser steht, in die Abbildung ein.

2. Beschreiben Sie den Zusammenhang zwischen **Brechungszahl** und **Deckvermögen** eines Anstrichstoffs.

____

____

____

Reflexion und Glanz

3. Vergleichen Sie die beiden **Reflexionsarten**. Unterscheiden Sie dabei zwischen glänzender und matter Oberfläche.

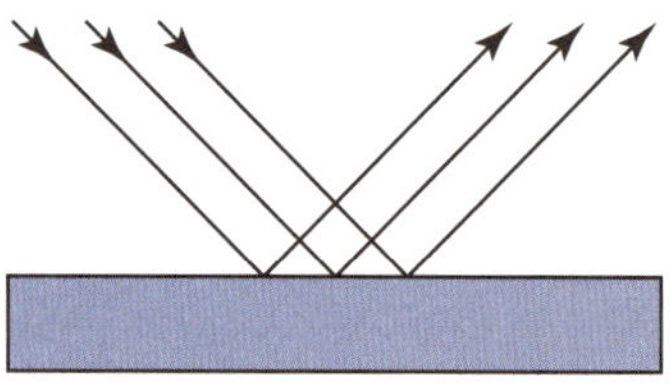

Anstrich

Reflexion

Oberfläche

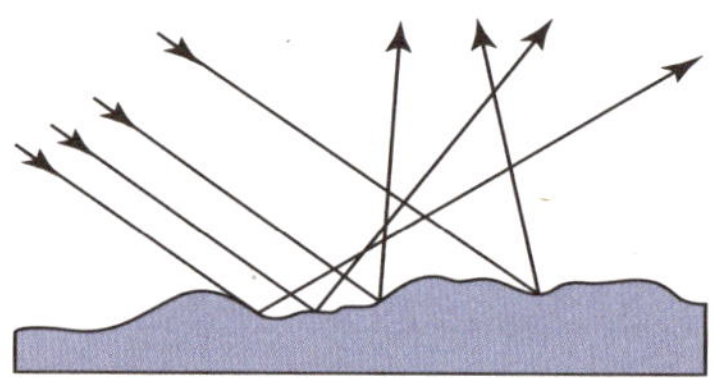

______________________ ______________________

______________________ ______________________

______________________ ______________________

Farbiges Sehen

4. In welcher **Farbe** erscheinen die Gegenstände in den drei Zeichnungen?

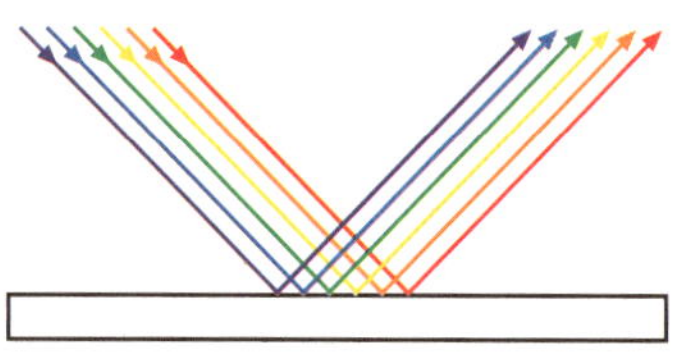

vollständige Reflexion

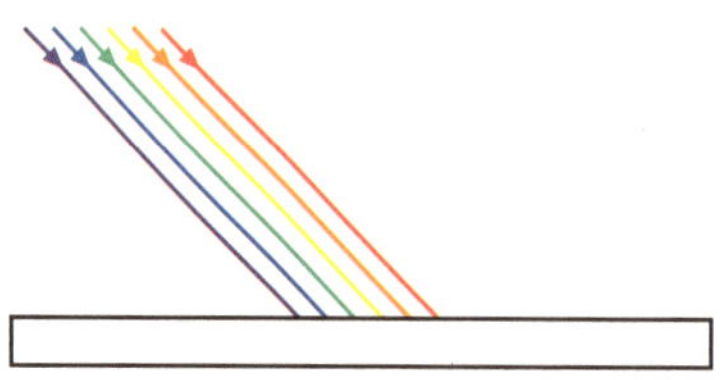

vollständige Absorption

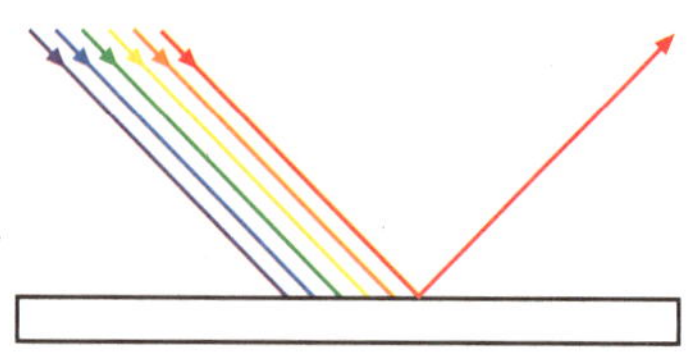

Teilreflexion (nur Rot wird reflektiert)

Farbe:

______________________ ______________________ ______________________

Name	Datum	Klasse

Farbe ist optische Erscheinung zu S. 214–216

Sichtbare Strahlung

1. Welche **Strahlenart** kann das menschliche Auge wahrnehmen? Tragen Sie den Begriff in den gelben Kasten ein.

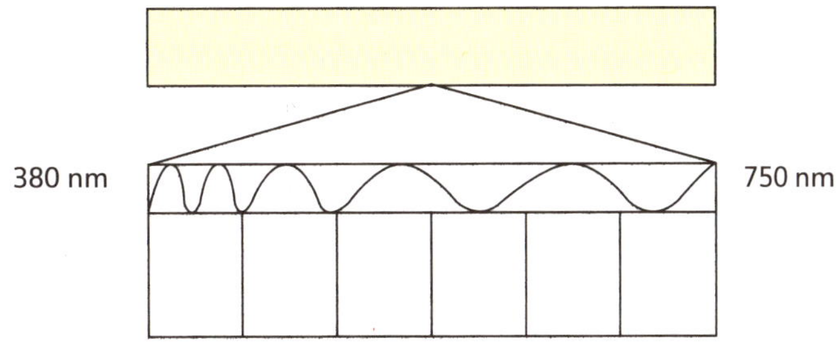

2. Malen Sie mit Farbstiften die sechs **Spektralfarben** in das Spektrum aus Aufgabe 1.

3. Nennen Sie zwei Möglichkeiten, wie weißes Licht in seine Spektralfarben zerlegt werden kann.

____

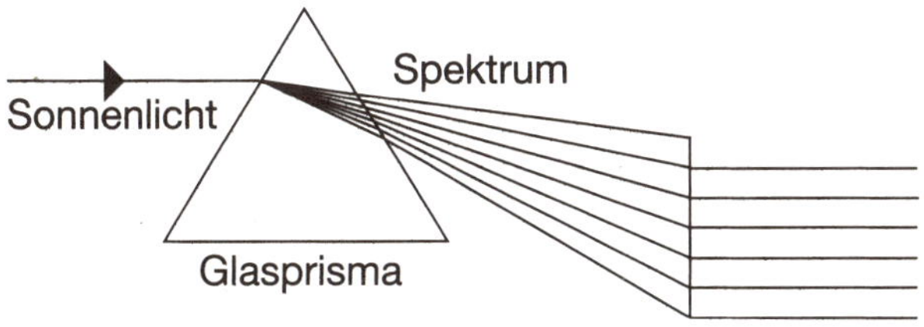

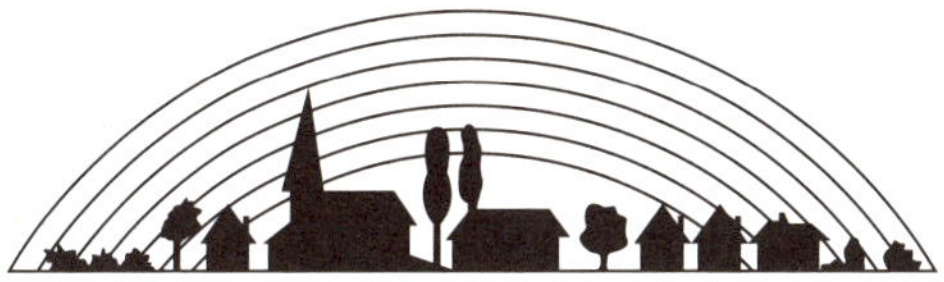

Regenbogen

4. Schreiben Sie die sechs **Spektralfarben** neben das Spektrum und malen Sie den Regenbogen farbig aus.

5. Der Begriff „**Farbe**" ist genau festgelegt (genormt). Beschreiben Sie seine Bedeutung.

   Farbe: ____

   ____

Lichtfarben

6. Wie heißt die **Mischung mit Lichtfarben**?

____

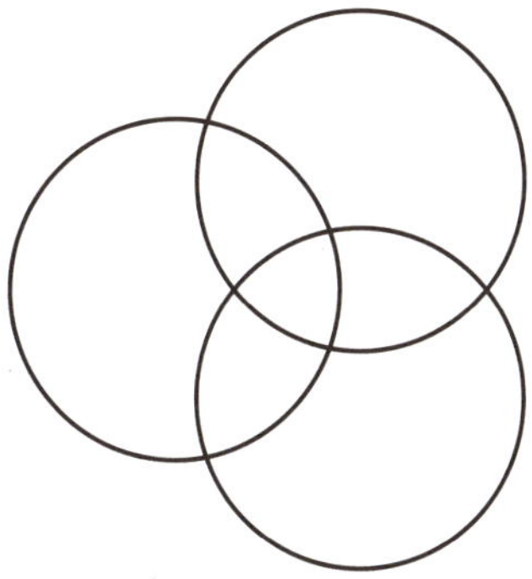

7. Malen Sie mit Farbstiften die **Lichtfarbenmischung** aus.

8. Ergänzen Sie folgende Merksätze:

grünes Licht + oranges Licht + violettes Licht = ______________________________

Bei der Lichtmischung ist die Summe aller Farben ______________________________.

Lichtfarben haben für die Malerpraxis keine Bedeutung.

Arbeitsblatt 92

Name	Datum	Klasse

Farbmischung und Farbordnung zu S. 216 und 217

Anstrichfarben

1. Wie heißt die **Mischung mit Anstrichfarben** (Körperfarben)?

____

a) Malen Sie **mit Filzstift** die drei Grundfarben in die Felder und in das vierte Feld alle zusammen.

○ + ○ + ○ = ○

Gelb Rot Blau ____________

b) Was ergibt die Mischung der drei Grundfarben?
Tragen Sie das Ergebnis rechts ein.

2. Aus je zwei **Primärfarben (Grundfarben)** lassen sich die **Sekundärfarben (Mischfarben)** mischen.

Malen Sie **mit Textmarker** die Grundfarben in die Felder und benennen Sie die entstandenen Mischfarben.

Gelb + Rot

Gelb + Blau

Rot + Blau

Komplementärfarben (Gegenfarben) liegen sich im Farbkreis gegenüber. Im sechsteiligen Farbkreis gibt es drei **Gegenfarbenpaare** (Gelb – Violett, Rot – Grün, Blau – Orange), die je aus einer Primär- und einer Sekundärfarbe bestehen.

3. Komplementärfarben ergänzen sich zu Braun, im Idealfall zu Schwarz. Malen Sie **mit Filzstiften** die Gegenfarbenpaare in die Felder.

Gelb + Violett

Rot + Grün

Blau + Orange

Name	Datum	Klasse

Grundfarbenmischung

zu S. 216 und 217

Farbordnungssysteme sind eine **systematische Anordnung der Farben**, z. B. durch Farbkreise, Farbdreiecke, Farbreihen oder Farbtonkarten.

1. a) Die **Primärfarben** sind von links nach rechts Gelb, Rot und Blau. Färben Sie die Felder entsprechend ein.
   b) Mischen Sie zunächst aus je zwei Primärfarben die **Sekundärfarben**.
   c) Danach mischen Sie aus je zwei Sekundärfarben die **Tertiärfarben**.

   Tipp: Streichen Sie die Farben zuerst auf einem Extrablatt. Achten Sie dabei auf einen gleichmäßigen und deckenden Farbauftrag. Anschließend schneiden Sie die passenden Farbflächen aus und kleben diese genau in die vorgegebenen Felder dieses Arbeitsblattes.

Primärfarben

Sekundärfarben

Tertiärfarben

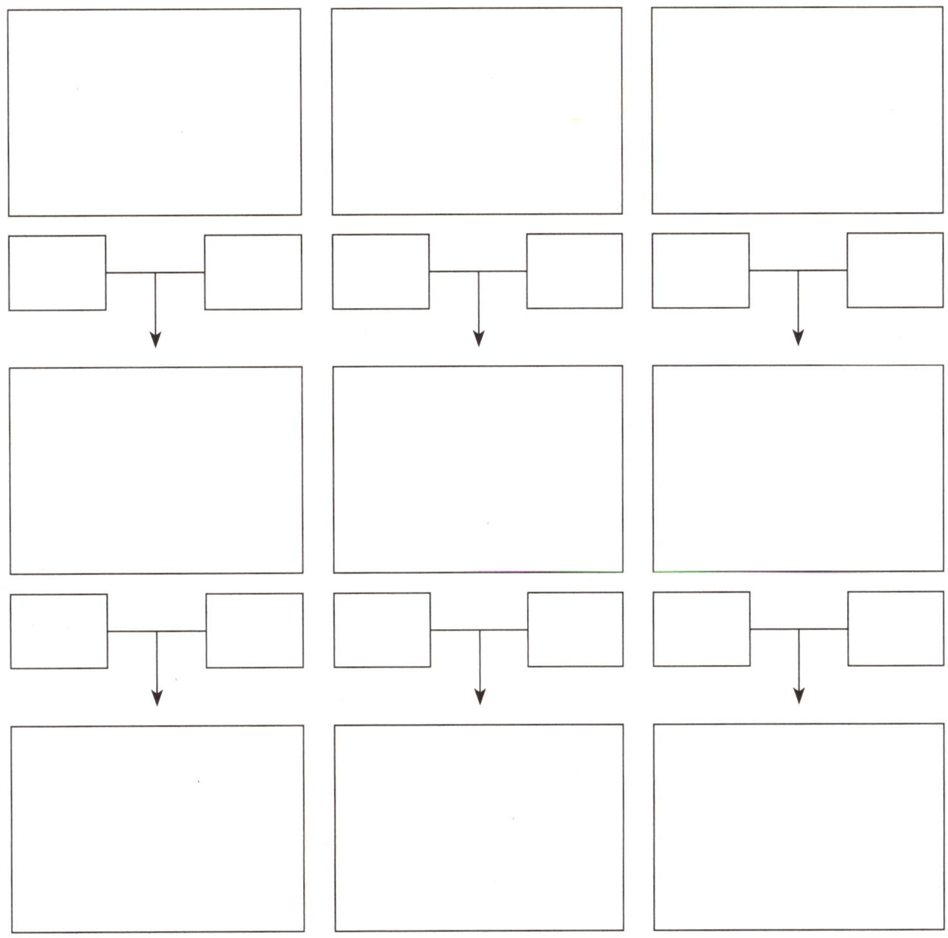

Die Tertiärfarben Gelbbraun (Ocker), Rotbraun (Englischrot) und Blaubraun (Oliv oder Umbra) erhalten ihren Farbton entsprechend dem größeren Mengenanteil der Primärfarbe, die in beiden Sekundärfarben dominiert.

2. Streichen Sie die originalen Erdfarben **Ocker**, **Englischrot** und **Umbra** in die Felder unten und vergleichen Sie diese mit den gemischten drei Tertiärfarben.

Erdfarben

Name	Datum	Klasse

Farbreihen

zu S. 216 und 217

Farbreihen (Farbleiter) sind **gleichmäßige Abstufungen von Farben**, z. B. mit aufgehellten oder abgedunkelten Farben. Wir unterscheiden Farbton-, Sättigungs- und Helligkeitsreihen (Hell-Dunkel-Kontrast). Dabei gilt für jede Reihe, dass die Nachbarfarben einen erkennbaren Unterschied haben müssen.

Farbtonkarten dienen zur Darstellung von Farbtönen, die meistens in Farbreihen angeordnet sind.

Wählen Sie aus den sechs Primär- und Sekundärfarben je einen Farbton aus und streichen sie diese gesättigten (reinen) Farbtöne in die oberen Felder des Schemas. Mischen Sie die beiden Farbreihen durch gleichmäßiges Aufhellen mit Weiß. Arbeiten Sie beim Ausmalen sauber und genau.

Primärfarbe	⇦ **Originalfarbtöne** ⇨	Sekundärfarbe
	Die Originalfarbtöne werden von oben nach unten mit Weiß, in gleichen Stufen aufgehellt.	
	⇦ **hellste Farbtöne** ⇨ Diese sollen sich noch von Weiß unterscheiden.	

Name	Datum	Klasse

Gestaltung

zu S. 219

Gestalten Sie **Punktzeichnungen** nach Ihren eigenen Vorstellungen mit den Vorgaben, die unter den jeweiligen Quadraten stehen.

Streuung

Reihung

fließender Verlauf

Verdichtung

freier Entwurf

freier Entwurf

Name	Datum	Klasse

Gestaltung II

zu S. 219 und 220

Gestalten Sie **Strichzeichnungen** nach Ihren eigenen Vorstellungen mit den Vorgaben, die unter den jeweiligen Quadraten stehen.

Schraffur

Gitter/Netz

Struktur

freie Linien

Einteilung/geometrische Figur

freier Entwurf

Name	Datum	Klasse

Gestaltung III

zu S. 222

Legen Sie die nebenstehenden Quadrate mit der Vorlage zu einem Muster aus.
Kopieren Sie dazu die Vorlage mehrfach.

Name	Datum	Klasse

Gestaltung IV

zu S. 222

Legen Sie die nebenstehenden Quadrate mit der Vorlage zu einem Muster aus.
Kopieren Sie dazu die Vorlage mehrfach.

Name	Datum	Klasse

Gestaltung V

zu S. 223

Zeichnen Sie von folgender Hausfassade die **Abwicklung** im Maßstab 1:100.
Nehmen Sie das Blatt quer und beginnen Sie an der gezeichneten Ecke.

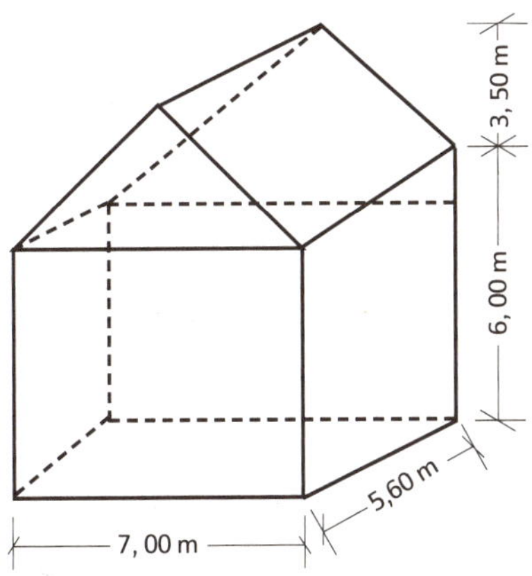

Name	Datum	Klasse

Gestaltung VI

zu S. 224

1. Benennen Sie die Teile der Hausfassade.

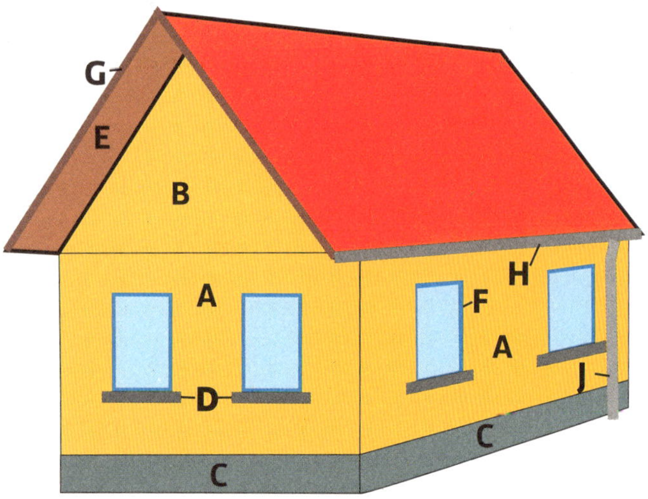

A ______________________

B ______________________

C ______________________

D ______________________

E ______________________

F ______________________

G ______________________

H ______________________

J ______________________

2. Benennen Sie die Teile des Innenraumes.

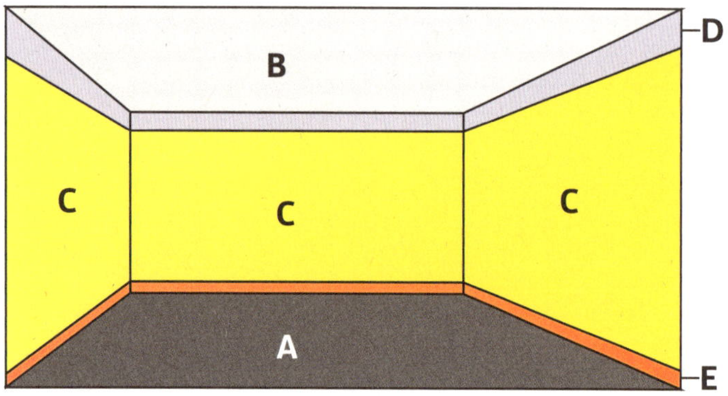

A ______________________

B ______________________

C ______________________

D ______________________

E ______________________

3. Benennen Sie die Teile der Fenster und Türen.

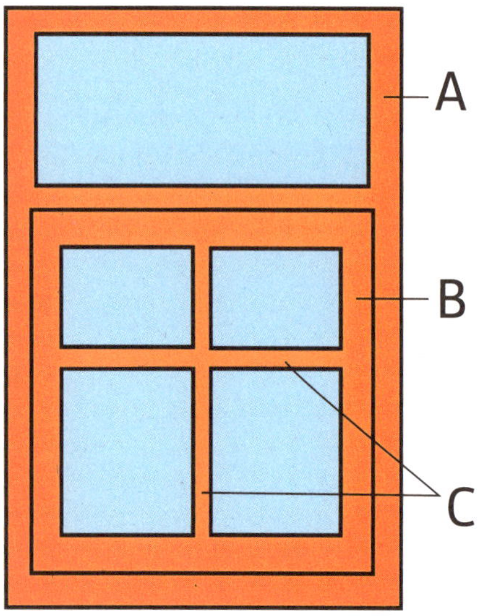

A ______________________

B ______________________

C ______________________

D ______________________

E ______________________

F ______________________

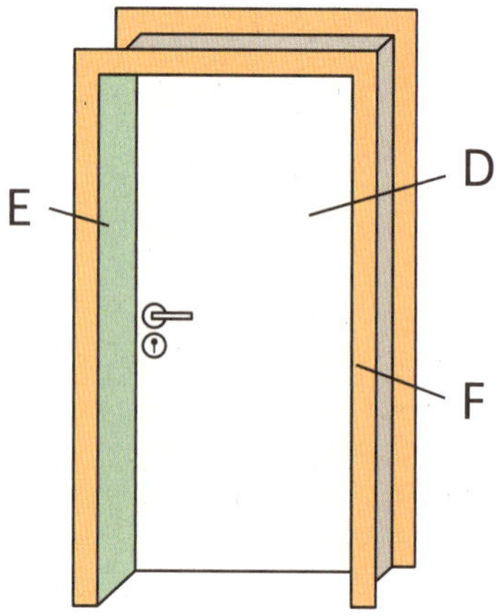

Name	Datum	Klasse

Gestaltung VII

zu S. 228

Verändern Sie die Raumeindrücke durch verschiedene Gestaltungselemente und ergänzen Sie die Bildunterschriften.

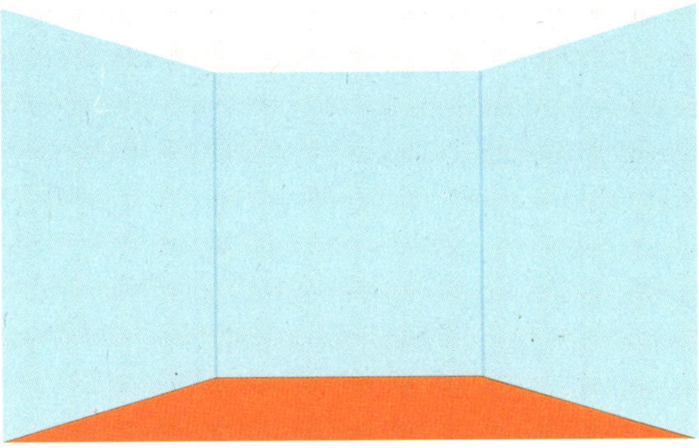

hoher Raum mit schmaler Rückwand

Durch Einfügen eines _______________ wirkt der Raum niedriger (optisch verkürzt).

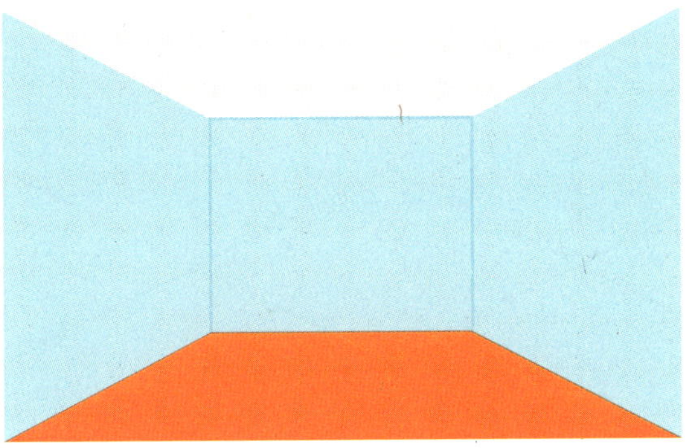

niedriger Raum

Durch _______________ wirkt der Raum höher (optisch erhöht).

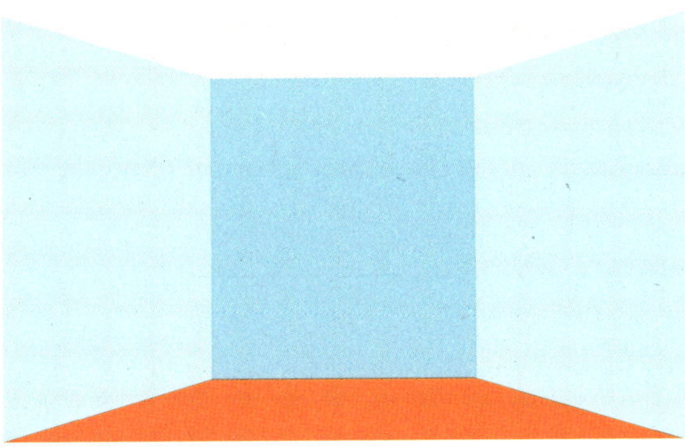

hoher Raum mit gedrängter Rückwand

Durch die _______________ wirken die Wände länger.

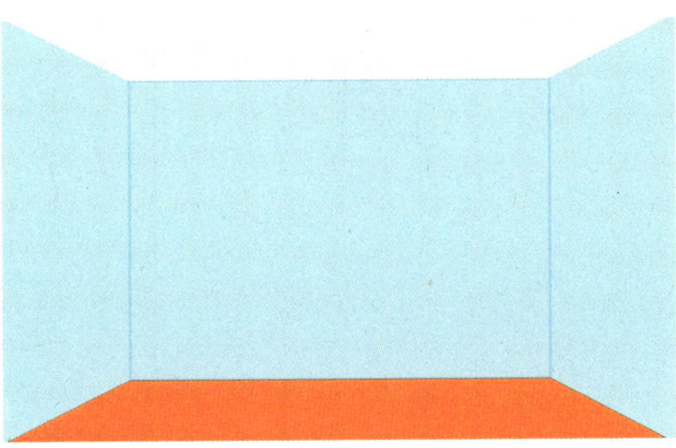

Zimmerwände

Durch _______________ und _______________ verändert sich die Raumwirkung (Optische Gliederung).

Name	Datum	Klasse

Gestaltung VIII

zu S. 225

1. Gestalten Sie folgendes Muster mit Farbe, sodass ein stufiger 3D-Effekt entsteht.

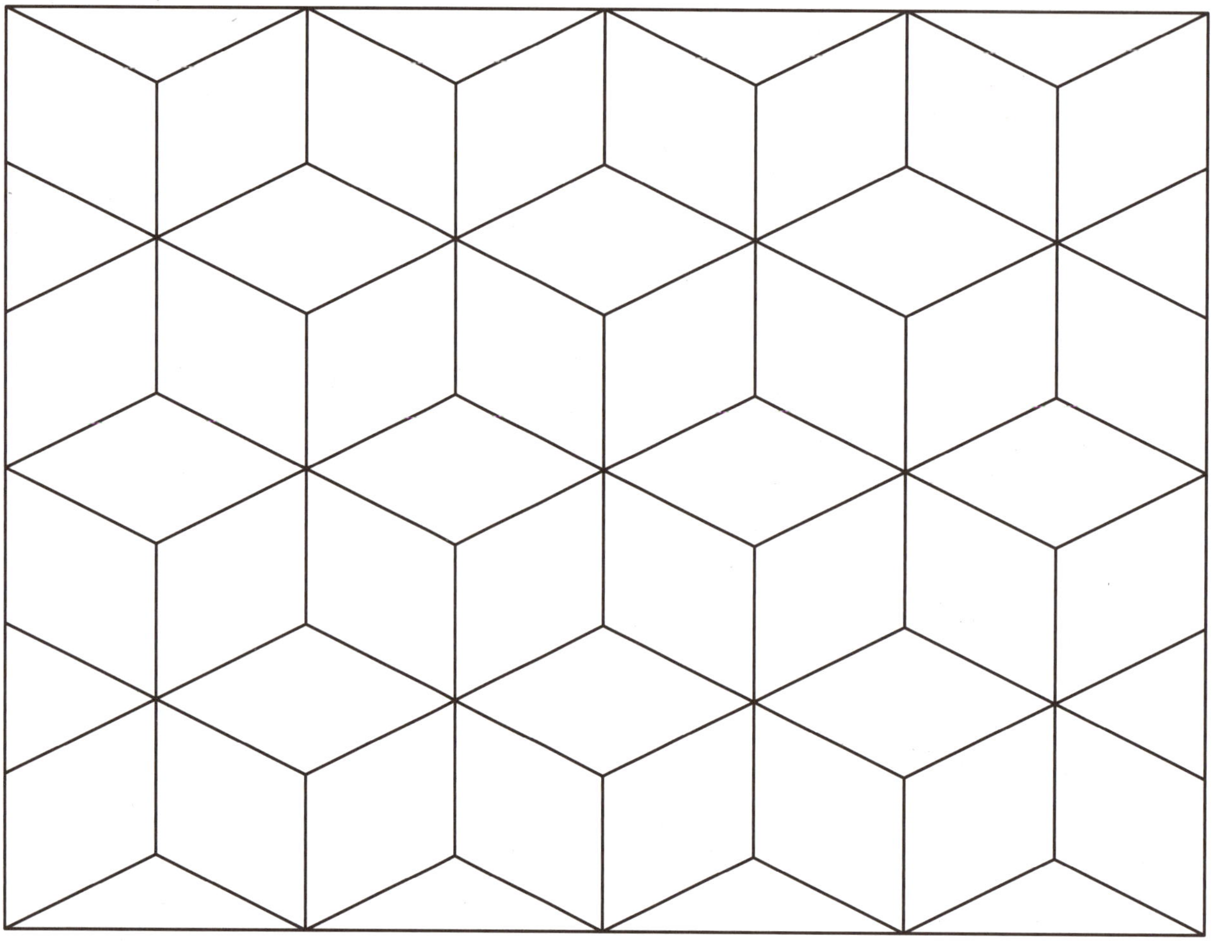

2. Versuchen Sie durch einzeichnen von Linien in geschickter Anordnung die Maler in unterschiedlicher Größe erscheinen zu lassen.

Name	Datum	Klasse

Vergrößern von Vorlagen

zu S. 226

Vergrößern Sie das Logo mit der Rastermethode im Maßstab 2:1.

Name	Datum	Klasse

Vergrößern von Vorlagen II

zu S. 226

Vergrößern Sie das Logo mit der Rastermethode im Maßstab 3:1.

Name	Datum	Klasse

Schriften erkennen

zu S. 234 und 235

Die Entwicklung der europäischen Schriften hat ihren Ursprung in der römischen Kapitalschrift.

1. Nennen Sie die **drei Schriftformen der Römer**.

2. Bezeichnen Sie die abgebildeten **Schriftarten** in der folgenden Tabelle und geben Sie jeweils weitere Informationen dazu an.

Schriftart	Schriftbezeichnung	weitere Informationen
Unziale	frühchristliche Schriften (auch als Halbunziale)	
Karolingische Minuskel		im Reich Karls des Großen um 800 n. Chr. als Gebrauchsschrift vor der Romanik
Textura Rotunda	frühgotische Schriften (gebrochene Schriften)	
Fraktur		auch als Kanzleischrift der Nürnberger Schulen (1520–1580) bekannt
Deutsche Schriften	als Sütterlin-Form deutsche Schulschrift	
Barock		Antiquaschriften vorwiegend in Italien und südlichen Ländern
Klassizistische Antiqua	Schrift mit starkem Wechselstrich	
Egyptienne–Italienne	serifenbetonte Schriften (Italienne als Westernschrift)	
Serifenlose		seit dem frühen 19. Jh. ohne Serifen; als Grotesk heute in vielerlei Formen, für Werbung und Texte
Schreibschrift	englische Schreibschrift (formschönste Kursivschrift)	
Jugendstil		Schrift mit floralen (pflanzlichen) Formen des Jugendstils, zum Ende des 19. Jh., mit dekorativem Aussehen

Arbeitsblatt 106

Name	Datum	Klasse

Wichtige Schriftelemente

zu S. 239

Buchstaben setzen sich aus senkrechten, waagerechten und schrägen **Balken** sowie **Rundungen** zusammen.

1. Benennen Sie die fehlenden **Schriftelemente**.

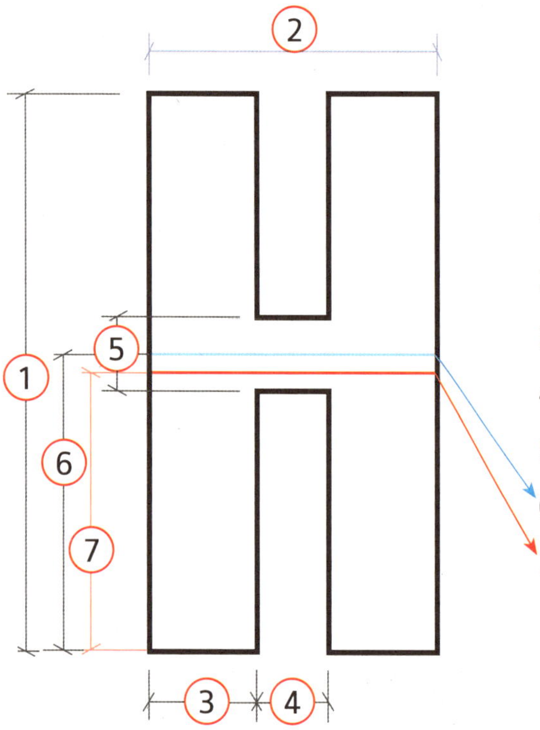

1 ______________________

2 Buchstabenbreite

3 ______________________

4 Innenraum (Lichtraum)

5 ______________________

6 ______________________

7 Geometrische Mitte (gemessene Mitte)

2. Ergänzen Sie die fehlenden Beschreibungen der **typografischen Begriffe** in der Tabelle.

Schriftgröße/ Schriftgrad	______________________ ______________________
Schrifthöhe/ Versalhöhe	Die Versalhöhe (Zeile) ist die Höhe der **Großbuchstaben** (Majuskel).
Schriftlinie/ Grundlinie	______________________ ______________________
Oberlänge	Die **Oberlänge** ist die obere Begrenzung der Buchstaben, aller senkrechten, waagerechten und schrägen Buchstaben innerhalb einer Zeile.
Balkenstärke	______________________ ______________________
Buchstabenbreite	die gesamte Breite oder **auch Laufweite eines Groß- oder Kleinbuchstabens**
Unterlänge	der Teil des Buchstabens, der unter die Schriftlinie reicht
Mittellänge	die Höhe der **Kleinbuchstaben** (Minuskel/Gemeine) ohne Unter- und Oberlänge
Zeilenabstand	______________________ ______________________ ______________________

Name	Datum	Klasse

Buchstabenabstände zu S. 238

Die **Buchstabenabstände müssen** innerhalb eines Wortes **optisch ausgeglichen sein**, d.h., sie dürfen **keine Abstandsfehler** (optischen Löcher) enthalten.

1. Erklären Sie den Begriff „optischer Ausgleich".

____

____

____

2. **Ordnen Sie** mittels Verbindungslinien den Begriffen ihre Bedeutung **zu**.

Spationieren	Abstand zwischen zwei Zeilen
Zeilenabstand	Ausgleichen der Buchstabenabstände
Wortabstand	Zwischenraum innerhalb eines Wortes
Buchstabenabstand	Abstand zwischen zwei Wörtern

3. Ergänzen Sie die fehlenden **Abstandsregeln** in der Tabelle.

HF HI	______________________________
HO OP	Wenn an einem senkrechten Balken eine Rundung angrenzt, dann verringert sich der Abstand geringfügig.
OC BO	______________________________
CH PR	Bei Buchstaben mit Freiflächen (offenen Buchstaben) muss der Abstand noch kleiner werden.
AV WA	______________________________
LT LV	______________________________

4. Ergänzen Sie die **Hauptabstandsregel**.

Senkrechte Balken auseinanderbringen, schräge Balken und Rundungen enger zusammen.

____

____

Bildquellenverzeichnis

Akzo Nobel GmbH, Köln: 81.3, 81.4, 86.2.

BC GmbH Verlags- und Medien-, Forschungs- und Beratungsgesellschaft, Ingelheim: 7.1, 7.2, 7.3, 7.4, 7.5, 7.6, 7.7, 7.8, 7.9, 7.10, 7.11, 7.12, 8.1, 8.2, 8.3, 31.1, 31.2, 31.3, 31.4, 31.5, 31.6, 44.1, 44.2, 44.3, 44.4, 51.1, 51.2, 51.3, 52.1, 63.1, 68.1, 88.1.

DIN-Deutsches Institut für Normung e. V., Berlin: 73.1, 73.2, 73.3, 73.4, 73.5, 73.6, 73.7, 73.8, 73.9, 73.10, 73.11, 73.12, 73.13, 73.14, 73.15, 73.16, 73.17, 73.18, 73.19, 73.20, 73.21, 73.22, 73.23.

Future Mindset 2050 GmbH, Gehrden: 109.2, 109.3, 109.4, 109.5, 109.6, 109.7, 109.8, 109.9.

Galas, Elisabeth, Schwelm: 10.1, 15.1, 57.1, 90.1, 90.2.

Hild, Claudia, Angelburg: 47.1, 49.1, 49.2, 77.1, 77.3, 77.4, 81.5, 81.6, 81.7, 81.8, 109.1.

J. Wagner GmbH, Markdorf: 77.2, 77.5, 77.6, 78.4, 78.5.

Kober, Gerold, Unterpleichfeld: 55.1, 55.2, 55.3, 55.4, 81.1, 81.2.

RAL e. V., Bonn: 71.1.

RAL gGmbH, Bonn: 56.1, 64.1.

SATA GmbH & Co. KG, Kornwestheim: 78.1, 78.2, 78.3.

Schug, Paul, Wiesentheid: 104.1, 104.2, 104.3.

Shutterstock.com, New York: valeryvoronessa 86.1.

stock.adobe.com, Dublin: Atelier 211 Titel; fotomek 12.1; K.C. 12.2; Kneschke, Robert Titel; namaw Titel; Zajda, Tomasz Titel.

STORCH Malerwerkzeuge & Profigeräte GmbH, Wuppertal: 76.1, 76.2, 76.3, 76.4.

Wir arbeiten sehr sorgfältig daran, für alle verwendeten Abbildungen die Rechteinhaberinnen und Rechteinhaber zu ermitteln. Sollte uns dies im Einzelfall nicht vollständig gelungen sein, werden berechtigte Ansprüche selbstverständlich im Rahmen der üblichen Vereinbarungen abgegolten.